KB073810

취 향 을 넘 어 교 양 이 된 영 화

영화 인문학 콘서트

취 향 을 넘 어 교 양 이 된 영 화

영화 인문학 콘서트

박명호 지음

영화 미장센 분석을 통해 인문학적 사유를 끌어내는 탁월한 통찰!
시민의 교양과 지적 대화를 위한 영화인문학 강의!

좋은땅

작가의 글

사람은 이야기 없이는 살 수 없는 존재다. 늘 이야기를 듣고, 이야기를 하며 살아간다. 카페에서 친구와 수다를 나누고, 스마트폰으로 뉴스를 검색하고, 유튜브나 영화를 즐기는 이유는 바로 이야기 때문이다. 특히 영화는 엄청난 돈으로 만들어진 시각적 이미지와 훈련된 작가들이 쓴 이야기를 통해서 전달되기 때문에 더 몰입감이 크다.

종종 어떤 영화는 취향을 넘어 교양이 된다. 그런 영화는 미학적 아름다움을 넘어서, 개인의 삶과 우리가 살고 있는 사회에 대한 통찰력을 선물한다. 동시대에 그런 영화를 만나는 것은 행운이다.

영화는 시간을 때우기 위해 그냥 보는 것이라고 여기는 경우가 많다. 물론 그냥 보면 되는 킬링 타임용 영화도 있다. 그러나 그게 전부는 아니다. 두터운 텍스트로의 가치가 담긴 좋은 영화도 많다. 이런 영화는 취향을 넘어 교양으로서의 가치를 지닌다. 그리고 책을 읽을 때와는 또 다른 지적 자극과 예술적 감수성이 깨어나는 기적 같은 일이 일어난다. 오락으로 영화를 즐기는 것도 좋지만, 예술로서의 영화도 이해하는 것은 중요하다. 이런 영화는 곱씹을수록 의미가 풍성해지고, 더 큰 재미를 느끼게 된다.

나는 주로 일반 시민들을 대상으로 영화 강의를 많이 하기 때문에 누구나 이해하기 쉽게 글을 쓰도록 노력했다. 나의 수업에서 좋은 피드백을 주시고, 영화 인문학 수업만 기다려진다는 말씀을 해 주신 수강생들 덕에 이 책을 쓸 용기를 낼 수 있었다.

영화 인문학 콘서트

그렇다고 나의 영화 해석이 정답이라는 말은 아니다. 영화의 의미는 정답이 있는 것이 아니라, 영화 텍스트와 수용자와의 대화 속에서 더 풍요로워진다. 한국 사회는 어릴 때부터 공부를 할 때 정답을 맞히는 식으로 시험을 치루는 경험 탓에 영화 속 다양한 의미를 토론하는 것을 어려워한다. 나의 글을 통해 독자들이 영화를 다시 한번 곱씹어 보고 또 자신만의 해석을 키워 나아가는 디딤돌이 될 수 있기를 바란다.

목차

3장 교실에 찾아간 영화 인문학

1장

영화를 재미있게 보는 법

영화를 재미있게 보기 위한 몇 가지 방법

영화는 동시대 가장 영향력이 큰 대중 예술이다. 세상의 모든 주제가 영화를 관통하며 담론이 풍성해진다. 과거보다 미술관, 전시회, 공연 문화를 즐기는 문화가 다양해졌으나 영화처럼 감상에 그치지 않고 활발한 토론이 이루어지는 대중 예술은 드물다. 과거처럼 개봉작이 큰 화제가 되고, 극장에 매주 관객들이 가득 차는 일은 줄었지만, 집에서 즐기는 OTT 플랫폼을 통해 영화는 여전히 우리에게 가까이 있다. 아무리 영화 산업이 위기라 하더라도, 좋은 영화는 계속 만들어지고 영화 예술이 사라지진 않을 것이다. 그 이유는 영화가 '이야기의 예술'이기 때문이다.

인간의 삶은 유한하기 때문에 이야기는 필요하다. 그것으로 우리는 다양한 삶의 방식들을 간접 체험 하고, 삶의 방향을 고민하고 진실을 향해 한 걸음 나아갈 수 있는 시간이 되기 때문이다. 영화라는 이야기 예술을 통해 인간은 역사를 돌아보기도 하고, 동시대를 해석하고, 미래를 상상할 수 있는 힘을 얻는다.

대부분의 영화는 혼자 보고 느끼면 되는 것이지만, 종종 전문가들에게 작품성은 좋다고 평가받으면서도 진입 장벽이 높은 영화는 즐기지 못하는 경우가 있다. 평론가들은 극찬하지만, 나는 도저히 재미를 느낄 수 없는 영화들. 이런 분들을 위해서 영화를 더 재미있게 보는 법에 대해서 몇 가지 정리를 해 보았다. 완벽한 해답이 될 수는 없겠지만, 영화 예술을 향유하는데 한 스푼의 도움이라도 되었으면 한다.

영화의 첫 10분을 주의 깊게 보라

모든 영화가 그렇다고 할 수 없지만 일반적인 영화들은 첫 10분에 중요한 정보가 많이 들어 있다. 10분 안에 영화 속의 주요 배경과 정서를 담아내고, 등장인물이 다 소개되는 경우가 많다. 그리고 이 영화가 어떤 영화인지 주요 감정을 드러낸다. 영화 문법에 충실한 감독이나 작가일수록, 초반 10분에서 관객들이 이야기 속에 몰입하도록 중요하게 세팅을 한다. 이 부분을 놓치면 뒷이야기를 완전히 이해하기가 어려울 수도 있다.

종종 영화를 첫 시작하는 장면이 감독의 고민이 덜하다고 느껴지는 영화도 있는데, 그런 영화는 후반부도 퀄리티가 낮거나, 아니면 문법에 신경 쓰지 않는 예술 영화일 경우가 많다. 그러나 잘 만들어진 대중 영화의 경우에는 초반의 정보가 꽤 중요하다. 그리고 영화의 첫 숏에서 영화의 주된 정서를 선언하듯이 보여 주는 경우가 많다. 만약에 첫 장면을 놓치면 영화의 장르에 대해 오해할 여지가 있다. 그래서 우디 앨런의 영화 〈애니홀〉을 보면 상영 시간에 맞추어 도착을 못 하자 아예 영화를 보지 않겠다고 고집을 피우는 주인공을 볼 수 있다. 너무 결벽증 환자 같다고 볼 수 있겠지만, 어느 정도는 이해는 된다. 밀도가 높은 작품일 경우에는 첫 장면을 놓치면 이후의 영화 감상에 지장을 줄 수 있다. 봉준호 감독의 영화는 시나리오의 교과서처럼 여겨지는데, 〈기생충〉에서 영화가 시작되는 첫 10분에 주요 인물이 어떻게 소개되는지를 관찰해 보라. 인물의 동선을 통해서 공간을 소개하면서도, 각 인물의 성격과 전사를 효과적으로 담아낸다. 이 영화는 영화 연출의 교과서처럼 느껴지는 작품인데, 기택의 가족 구성원이 자연스럽게 한명씩 등장하면서 집 공간의 구조를 함께 보여준다. 카메라가 슬쩍 훑고 지나가는 것 같지만 캐릭터의 특징도 이해할 수 있게 해준다. 벽에 걸려있는 액자를 통해서 인물의 전사를 볼 수 있고, 대화하는 방식을 통해서 부부의 권력 관계도 엿볼 수 있다. 게다가 와이파이를 잡는 에피소드는 이 영화의 주제를 은유적으로 느낄 수 있는 장면이다. 이처럼 초반 10분에 관객들이 영화 속 인물에게 공감하고 호감을 갖게 됨으로써 이후의 스토리에 더 몰입할 수 있게 된다.

노아 바움백 감독의 〈결혼 이야기〉도 마찬가지다. 영화 첫 장면에서 인물 소개를 효과적으로 해낸다. 영화가 시작되면 편지를 읽는 나레이션으로 부부가 서로에 대해 소개하는 것으로 시작되는데, 인물의 직업과 성격, 일상에서의 버릇과 같은 작은 요소까지 엿볼 수 있기에 관객들이 영화 이야기 속으로 더 손쉽게 몰입할 수 있도록 돕는다. 부부가 서로를 관찰한 것을 바탕으로 소개가 되니 흥미로운 디테일이 담길 수 있다.

시나리오의 교과서로 여겨지는 〈델마와 루이스〉 같은 작품을 보면 초반에 두 주인공의 성격의 차이를 초반 10분 안에 잘 보여준다. 여행을 준비하는 장면으로 시작되는데, 델마는 가방에 온갖 옷을 잔뜩 챙기는 반면 루이스는 기본적인 것만 아주 심플하게 짐을 챙기는 모습으로 두 여성 캐릭터의 특징을 효과적으로 대조시킨다. 이런 캐릭터를 이해할 때 영화 중반에 인물의 성격이 변화할 때 더 극적으로 영화적 재미를 느낄 수 있게 된다. 그래서 초반의 10분이 중요하다.

영화 인문학 콘서트

이야기의 구조를 보라

영화의 구조를 이해할 때 영화가 더 흥미롭다. 어느 지점에서 인물의 갈등이 시작되고, 적대자는 누구인지 이해하고, 어디서부터 주인공에게 위기가 닥치고, 클라이맥스 장면이 펼쳐지고 있는지를 이해하면 영화를 더 즐겁게 향유할 수 있다.

영화 예술이 진화하면서 점점 이야기의 구조도 다양해지고 있다. 대중적인 영화의 시나리오 구조는 주인공 2명을 중심으로 한 3막 구조를 이루는 경우가 많은데, 창의적인 감독들은 더 다양한 구조를 실험하길 원한다. 쿠엔틴 타란티노 감독의 초기작 〈저수지의 개들〉, 〈펄프 픽션〉은 이야기의 주인공도 여럿인데다 서사 구조도 선형적인 방식이 아니어서 개봉 당시에 관객들에게 큰 충격을 주었다. 이야기 진행이 마치 편집이 잘못된 듯한 느낌을 주는데, 영화가 끝날 즘에는 모든 서사가 정리가 되며 쇠망치로 뒤통수를 맞은 듯한 결말을 맞이한다. 전혀 상관없어 보이던 영화의 각 시퀀스가 마지막에는 서로 연결되면서 극적 재미를 준다. 한국영화 중에는 〈넘버3〉와 같은 영화도 비선형적 서사가 효과적으로 잘 그려진 영화라 추천한다.

크리스토퍼 놀란 감독도 마찬가지다. 〈인셉션〉을 보면 꿈속의 꿈으로 들어가면서 서사가 진행되는데, 감각적으로는 영화를 따라가지만 논리적으로는 영화를 따라가기가 쉽지 않다. 하지만 영화를 여러 번 반복해서 보면 구조 자체에 영화 미학의 핵심이 담겨 있다는 것을 깨닫게 된다. 놀란 감독은 플롯의 마술사라 불릴 만한 야심과 시간의 미학을 보여 준다. 이창동 감독의 〈박하사탕〉의 경우에는 시퀀스가 바뀔 때마다 조금씩 과거로 흘러가는 독특한 서사를 담고 있다. 시간은 과거로 가는데 이야기는 앞으로 진전되는 마법과 같은 체험을 하게 된다. 영화의 후반부에 주인공의 가장 젊은 시절을 대면할 때면 비로소 영화 전체가 관통되는 깨달음을 얻게 된다. 곧 구조가 영화의 주제를 드러내는 핵심인 셈이다.

이런 낯선 구조의 영화를 볼 때면 관객의 적극적인 태도가 요구되고, 이야기 구조에 대한 관심을 가지면, 오히려 몇 배로 재미있어진다. 이런 섬세한 구조의 영화를 즐기게 되면 영화를 보는 것이 단순히 시간을 죽이는 행위가 아니라, 예술을 체험하는 시간이란 걸 깨닫게 된다.

표면적인 서사 안에 담긴 내재된 주제를 보라

좋은 작가는 겉으로 드러난 서사 뒤에 자신이 말하고 싶은 바를 숨겨 놓는다. 표면적 서사 안의 내재적 주제가 담겨 있는 것이다. 좋은 영화는 포털 사이트에 소개된 줄거리를 영상으로 보는 것 이상의 미학적 체험과 깨달음을 얻게 된다. 봉준호 감독의 〈괴물〉 같은 영화를 생각해 보면, 표면적인 줄거리는 가족들이 괴물에게 잡혀간 딸을 구하기 위해 고군분투하는 모습을 담고 있다. 하지만 영화는 한국 사회 정치에 대한 코멘터리가 잔뜩 담겨 있다. 이런 디테일들은 영화를 직접 보아야 알 수 있고, 반복 관람 할수록 새로운 것이 발견된다. 〈살인의 추억〉도 마찬가지다. 표면적으로는 연쇄살인범을 추적하는 스토리이지만, 영화의 콘텍스트에는 한국 사회의 1980년대에 대한 코멘터리가 담겨있고, 서사와 연결이 되며 이 부분이 영화를 이해하는데 더 핵심적이라 할 수 있다. 가령, 당시에 관습적으로 행하던 '등화관제 훈련' 때문에 살인자의 범행을 돕는 아이러니가 발생한다거나, 시민들을 진압하는 데에 경찰 동원을 너무 많이 해서 범인을 잡을 기회를 놓치는 설정, 그리고 형사들이 사건을 급하게 마무리 짓기 위해 사회적 약자에게 거짓 취조를 받아내는 설정은 감독이 그 시대를 바라보는 코멘터리이자, 내재된 주제이기도 하다.

박찬욱 감독의 〈박쥐〉 같은 영화도 표면적 줄거리는 일반적인 뱀파이어 영화와 유사하지만, 직접 영화를 보면 굉장히 두터운 텍스트임을 알 수 있다. 인간의 윤리적 딜레마와 원죄에 대한 깊은 탐구가 담겨 있는 것이다. 박쥐는 남의 피를 빨아먹어야 생존할 수 있기에 그 존재 자체로 딜레마인 캐릭터다. 결국 박쥐는 인간에 대한 은유이다. 또 그런 불완전한 존재를 자신들의 구원자로 숭배하는 풍경은 우리 사회의 종교를 바라보는 감독의 시선이 담겨있다. 작가 감독들은 관객들이 그 숨겨진 주제를 발견해 주길 원하고, 그런 요소를 읽어낼 때에 영화 인문학 토론이 더 풍성해진다.

유튜브의 등장 이후 영화 유튜버들이 많이 등장했는데, 조회 수가 높은 영상을 보아도 대부분 줄거리 소개에 그친 것을 많이 본다. 줄거리를 이해한 것으로는 영화를 진정으로 향유했다고 볼 수는 없다. 물론 일반적인 평작의 영화들은 겉으로 드러난 것이 전부일 수 있지만, 흔히 작가 감독이라 불리는 영화에는 가장 중요한 메시지는 미학 속에 숨겨져 있음을 기억하자.

'미장센mise-en-scene'을 주목하라

영화는 결국 장면의 예술이다. 영화가 이야기의 예술이지만, 동시에 이미지의 예술이라는 것을 기억할 필요가 있다. 좋은 영화라면 흥미로운 이야기로 관객을 끌어당기면서도, 모든 숏shot이 잘 구성된 영화다. 숏을 구성하는 일은 마치 화가가 그림을 그리는 일과 유사하고, 영화 속 한 이미지 안에 영화 전체가 담겨 있기도 하다. 숏에는 컬러와 렌즈, 배경, 소품, 카메라의 움직임이 치밀하게 설계되어 있다. 우리는 흔히 명작 영화들의 명대사를 이야기하는 것은 익숙하지만, 이미지에 대해 이야기하는 일은 드물다. 하지만 위대한 영화들은 대사도 좋지만, 이미지가 더 핵심적이고 하나의 숏으로 철학적 사고를 불러일으킨다. 영화의 '미장센'을 주의 깊게 보는 것은 마치 미식가가 일품요리를 맛보는 것과 같다. 영화를 제대로 음미하며 즐기기 위해서는 '미장센'을 보아야 한다. 좋은 미장센은 그저 예쁘게 찍는 것이 목표가 아닌, 그 안에 영화의 핵심적인 주제와 미학이 담겨 있다. 미장센을 구성하는 요소는 다음과 같다.

미장센	구성 요소
촬영 디자인	카메라 시점/움직임
	앵글과 렌즈 선택
	색채
	구도
	화면 종횡비
	심도

조명	조명 디자인
프로덕션 디자인	세트, 소품, 의상, 분장, 장소
셔레이드	배우의 동작과 행위, 표정
소품	소도구
캐릭터	캐스팅, 배우
	의상과 분장
	연기/동선
	대사/음성
시공간	커트 길이, 시공간의 확장과 축소
사운드	음악/음향

영화와 소설의 가장 큰 차이가 바로 이 미장센 때문이다. 둘 다 이야기 예술이지만, 소설은 글로 섬세한 내면 묘사를 할 때에 높게 평가되어지지만, 영화는 내레이션보다 이미지의 디테일한 미장센이 더 중요하다. 소설과 영화는 본질이 다르다. 어찌 보면 소설에서 작가의 문체가, 곧 영화에선 미장센이라고도 볼 수 있다. 거기에 작가의 개성이 담겨 있다. 영화는 이야기의 예술이지만, 동시에 이미지의 예술이라는 것을 기억할 필요가 있다. 영화가 드라마나 뮤직비디오보다 더 격조 있는 예술로 여겨지는 이유가 바로 미장센 때문이다. 사실 드라마적 재미만으로 보았을 때는 넷플릭스 시리즈 드라마가 더 재미있을 때가 많다. 하지만 영화는 그것만으로 평가될 수 없다. 이미지가 더 중요한 것이다. '미장센'을 즐기기 위해서는 좋아하는 영화를 다시 한 번 보는 경험이 필요하다. 영화에 대한 가장 유명한 명언 "영화를 사랑하는 첫 번째 방법은 같은 영화를 두 번 보는 것"이라는 말도 있지 않은가. 나 자신에게 말 걸었던 영화를 반복해서 본다면 미장센의 요소들이 자연스럽게 발견될 수 있을 것이다.

흔히 아트 시네마로 불리는 영화일수록 미장센이 중요하고 거기에 핵심이 담겨 있는 경우가 많다. 줄거리만으로는 영화를 이해할 수 없고, 모호한 지점이 많은데, 미장센을 통해 비로소 영화를 온전히 이해하게 되는 것이다. 미장센 분석은 2장의 영화 장면 분석에서 계속 언급이 되는 부분이니 여기서는 넘어가도록 하겠다.

종종 좋은 영화란 무엇인가에 대한 고민을 많이 하게 된다. 나에게 미장센은 서사만큼이나 중요하게 여겨진다. 단순히 이야기를 전달하기 위해 등장인물의 대화 중심으로 찍은 영화가 아니라, 한 숏, 아니 한 프레임 안에서 다양한 시각적 요소들로 그 영화만의 정서와 주제를 드러내고, 그 이미지들이 모여서 또 좋은 이야기를 들려주는 영화가 좋은 영화인 것이다.

주인공의 성장과 변화를 보라

　흔히 인생 영화라고 불리는 영화들은 공통적으로 주인공이 매력적이다. 영화 속 주인공이 우리들과 같이 나약하고 모순이 가득한 인물일 때 관객들은 더 연민을 느끼고 공감하여 이야기에 몰입하게 된다.

　영화 속 주인공이 스스로 각성하고 변화하며 성장할 때 관객들은 이유를 알 수 없는 감동이 마음속에 솟구치고 인생 영화로 받아들이게 된다. 변화와 성장은 때로는 주인공의 인생을 비극으로 몰고 가기도 하지만 반대로 행복한 결말에 이르기도 한다. 주인공이 진실을 깨달음으로써 행복에 이르기도 하지만, 반대로 희생을 각오해야 하기도 한다. 어느 길로 가든 주인공이 자신의 운명을 극복하고 변화하는 모습은 영화가 끝나도 우리에게 깊은 여운을 남긴다.

　가령, 리들리 스콧의 〈델마와 루이스〉에서 델마는 수동적인 여성에서 주체적인 여성으로 변화하고 성장한다. 영화 초반에서 주인공 델마는 남편이 무서워서 여행 간다는 말도 하지 못하는 인물이다. 하지만 긴 여행 속에서 그는 감추어진 내적 자아를 깨닫고 행복감을 느낀다. 영화 서사의 중간 즘에 델마의 성격은 크게 변화하는 모습을 보여 주는데, 언제나 피해자의 위치였던 델마가 가해자가 되어 가게의 돈을 터는 장면은 윤리적으로 옳지 않은 일임에도 불구하고 관객들에게 카타르시스를 느끼게 해준다. 그리고 영화의 마지막 장면인 낭떠러지를 향해 델마와 루이스가 달려가는 장면은 명장면으로 꼽힌다. 앞은 절벽이고, 뒤는 경찰들이 총을 겨누고 있다. 두 사람은 현실로 돌아오는 결말이 아닌, 전진을 택한다. 그 결말은 시대적 한계 속에서 비극을 맞이할 수밖에 없었다. 하지만 그 여운은 해피엔딩보다 더 강렬하게 관객들에게 전달된다. 지금 시대에 그 영화를 다시 보아도 마음속에 여운이 깊게 남는다.

많은 이들이 인생 영화로 꼽는 〈월터의 상상은 현실이 된다〉와 같은 영화에서 주인공 월터는 초반에는 나약하고, 정해진 틀 안에서 벗어나지 못하는 인물이다. 그의 유일한 일탈은 상상이다. 하지만 잡지 표지에 사용될 중요한 사진을 잃어버리게 되어 뜻하지 않은 여행을 떠나게 된다. 그 과정에서 월터는 어른이 되어 가며 잃어버렸던 모험심을 되찾고 성장하는 시간이 된다. 비로소 라이프 사진의 모토를 몸으로 실천한 것이다. **"세상을 보고 무수한 장애물을 넘어 벽을 허물고 더 가까이 서로를 알아가고 느끼는 것. 그것이 바로 우리가 살아가는 인생의 목적이다."** 여행을 통해 그는 진정한 어른이 된다. 그런 변화된 모습을 통해 보는 사람으로 하여금 성장에 대한 동기부여까지 되는 효과가 있다. 관객들은 주인공의 성장을 통해 인생의 진리를 발견하게 된다. 그리고 자신도 영화 주인공처럼 용기 있는 사람이 되기를 원하게 된다.

감독의 미학을 발견하라

흔히 작가 감독이라 불리는 영화들을 보면 그 감독만의 일관된 주제나 미학적인 특성이 발견되곤 한다. 일반적으로 3편 이상의 영화를 만들었고, 그 안에 일관적 미학적 특징이 발견될 때 작가 감독이라 불린다. 영화는 협업의 예술임에도 불구하고, 작가이자 감독의 개인적 개성이 드러날 때 관객들은 더 큰 애정을 느끼게 된다.

방송 드라마는 작가와 연출자가 따로 존재하지만, 영화 예술은 감독이 곧 작가인 경우가 많다. 그래서 영화를 감독의 예술이라 부른다. 흔히 감독이 생겨 먹은 대로 영화가 나온다고 우스갯소리로 이야기하는데, 감독의 미학적 비전이 영화의 결과물에 나타나기 마련이다. 미학적 즐거움을 누리기 위해선 관객들이 자신의 취향을 따지기에 앞서서 감독의 목소리에 주의를 기울이는 열린 마음이 필요하다.

물론 거장 감독 중에 직접 각본을 쓰지 않는 분들도 있으나 시각적인 면에서 일관된 미학적 특성이 나타날 때 작가라 불릴 수 있다. 가령, 데이빗 핀처 감독은 시각 디자인에 뛰어난 재능을 보이지만 각본을 쓰지 않는다. 하지만 그가 만들어 내는 이미지에는 도시의 공간, 인간의 소외와 같은 일관된 미학적 특성이 나타난다. 그의 작품 중 〈조디악〉 〈소셜 네트워크〉나 〈나를 찾아줘〉 같은 영화를 보면 시각디자인에서 감독의 인장이 풍겨난다.

평론가와 대중들의 평가가 가장 갈리는 부분이 사실주의 미학을 다루는 감독일 때이다. 사실주의 영화라고 하면 할리우드 시스템에서 만들어지는 장르 영화와는 반대되는 개념으로 작가의 개성이 영화 속에 묻어나는 것을 중요하게 여기고, 현실의 반영을 중요하게 여기는 영화 미학이다. 할리우드 장르 영화는 주로 세트에서 촬영이 이루어지고, 최고의 스타 배우를 캐스팅한다. 선과 악의 구도도 명확한 편이고, 관객들의 시선을 사로잡는 사건과 롤러코스터를 타는 듯한 재미를 선사한다는 게 큰 특징이다. 그리고 편집의 속도도 굉장히 매끈하고 빠르다. 그렇다면 사실주의 영화는 이와 반대다. 세트 촬영보다는 실제 로케이션 촬영을 추구하고, 스타 배우와 함께 일하기도 하지만 훈련되지 않은 비직업인 배우가 연기하는 경우가 많다. 그리고 약간의 거리 두기를 통해 관객들의 지나친 감정이입을 방해하는 연출을 하기도 한다. 숏shot의 길이도 꽤 긴 편이다. 이를 흔히 '롱테이크longtake'라고 부른다.

국내에서 가장 사실주의 미학을 일관되게 추구하는 감독은 이창동 감독과 홍상수 감독이라고 말할 수 있다. 또 허진호 감독의 초기작도 대표적인 사실주의 영화다. 그보다 젊은 감독인 〈벌새〉 김보라 감독이나 〈남매의 여름밤〉 윤단비 감독, 〈괴인〉 이정홍 감독은 데뷔작에서 깊은 사실주의 미학을 드러내기도 하였다. 그리고 일본의 고레에다 히로카즈 감독과 하마구치 류스케 감독이 있다. 이들의 공통점이 있다면 흥행 스코어는 저조한 반면, 평론가들에게는 절대적인 지지를 얻는다는 것이다. 일반 관객들은 지루하다고 평하는데, 전문가들은 극찬한다. 왜 그런 것일까? 바로 영화의 미학 때문이다. 이런 영화들은 단순히 흥행을 목표로 하기보다는 영화 미학 탐구가 반영되어 있다. 새로운 서사적 실험, 상징을 담아내는 미장센, 숏shot의 예술, 작가의 세계관 반영 등 오락 영화와는 다른 예술적 체험을 안겨다 주기에 평론가나 시네필들이 극찬을 하게 되는 것이다. 이런 영화에 매력과 재미를 느낀다면 사실주의 영화의 매력을 본능적으로 알고 있는 것이다. 봉준호 감독도 어느 정도는 사실주의 미학을 띠고 있다. 그분은 장르 영화의 관습과 사실주의 미학이 적절하게 혼합되며 "봉준호가 장르다."라는 평을 들을 만큼 새로운 경지에 들어섰다. 가령, 많은 사람들이 좋아하는 〈살인의 추억〉은 장르 영화적 속성과 사실주의적 미학이 혼합되며 대중과 평단, 양쪽 다 큰 성취를 이룬 작품이다. 또 〈괴물〉 같은 영화도 하수구 장면을 세트가 아닌 실제 한강 하수구에서 찍었다는 점에서 역시 장르 영화 안에 사실주의 미학을 녹여 낸 걸작이라 생각된다.

사실주의 영화라고 해서 다 같지는 않고, 감독에 따라서 다른 정서 다른 뉘앙스가 풍기는 점이 재밌다. 홍상수 감독은 트레이드마크인 '줌 인zoom in'과 같은 촬영이나 인물이 프레임에서 퇴장하고서도 빈 여백을 계속 보여 주는 '데드컷dead cut'이 인상적이다. 조금은 나른한 듯한 촬영이고, 숏shot의 길이도 다른 감독들보다 더 긴 편이다. 그래서 한 해외 인터뷰에서 자신은 영화 편집이 하루밖에 안 걸린다고 고백을 해서 객석에 큰 웃음을 주었다. 이에 반해 이창동 감독의 사실주의 미학은 이미지가 더 예민하고 서사도 밀도가 높다. 하나의 숏shot을 찍는데 굉장히 오래 걸리는 것으로 정평이 나있다. 그래서 배우들이 너무 힘들어한다고 하소연을 하지만, 결과물에 창작자들의 피땀 흘린 노력이 고스란히 담겨 모두를 감탄하게 한다. 이창동 감독의 영화에선 비전문 배우가 많이 등장하는데, 〈시〉에서 김용택 시인이 직접 시를 강의하는 강사로 등장하기도 했다. 그 외에도 많은 단역들은 일반인이 참여한 것으로 보인다. 그분의 대표작이라고

영화 인문학 콘서트

할 수 있는 〈박하사탕〉 역시도 사실주의 미학이 정점으로 잘 드러난 작품이라 생각된다. 카메라가 인물을 바라봄에 있어서 일관되게 적절한 거리감을 가지고 있다. 그래서 영화를 볼 때 순간적으로는 몰입이 덜 될 수 있지만, 영화를 다 보고 나서 곱씹어 보면 마음속에 여운이 더 깊게 남는다. 고레에다 히로카즈 감독도 빼놓을 수 없는데 그분은 다큐멘터리 감독 출신답게 이창동 감독과는 또 다른 자신만의 사실주의 미학적 특성을 띤다. 초기작 〈원더풀 라이프〉를 보면 분명 극영화로 기획되었는데, 비전문 배우가 연기를 하고, 자연스러운 촬영을 선택함으로써 다큐와 극영화가 묘하게 섞여 있는 개성적인 결과물이 나왔다. 그 이후 〈아무도 모른다〉에서는 비전문 아역 배우이지만, 아이들의 세밀한 감정을 카메라에 담아내어 센세이션을 일으키는 작품이 되었다. 그리고 사실주의 영화에서 아이들의 시선이 중요하게 그려지는 경우가 많은데, 〈그렇게 아버지가 된다〉, 〈어느 가족〉을 보면 아이들의 시선으로 어른들의 세계를 바라보는 지점을 심도 깊게 담아낸다.

과거에는 "극장까지 와서 왜 현실을 보냐?"며 할리우드 액션 판타지 영화에 대한 수요가 압도적으로 컸다면, 지금은 분위기가 많이 바뀐 듯하다. 심지어 종교 부흥기 수준으로 인기가 있었던 마블 영화에 대한 반응도 이젠 싸늘해졌다. 오히려 지금의 관객들은 판타지의 세계보다 지금 우리의 현실을 사려 깊게 관찰하고, 어두운 현실을 직면하게 해 주면서도, 예술성이 담긴 영화에 더 흥미를 가진다. 좋은 현상이다. 그만큼 다양한 영화를 즐길 준비가 된 것이다.

사운드를 음미하기 위해서 헤드폰을 활용해서 영화를 감상하라

좋은 영화들은 이미지뿐 아니라, 사운드 역시도 굉장히 훌륭하기 마련이다. 사운드 디자인이 엉망이면 아무리 좋은 각본이어도 영화에 몰입하기 어렵다. 그래서 훌륭한 감독들은 영상 디자인만큼이나 사운드 디자인에 심혈을 기울인다.

감독들의 감독이라 불리는 히치콕은 음악과 효과음도 대사처럼 섬세하게 디자인해야 한다고 조언하기도 했다. 심지어 작은 소음까지도 감독의 의도에 따라서 들어가는 경우가 많기 때문에 너무 작은 스피커로 영화를 본다면 많은 것을 놓칠 수 있을 것이다. 가령, 알폰소 쿠아론 감독의 〈로마〉 같은 경우에는 프레임 바깥에서 들리는 소리까지 감독이 사운드 감독에게 디렉팅을 했다고 한다. 그 사운드는 영화의 정서를 느끼는 데에 있어서 중요한 요소로 작용한다. 봉준호 감독 역시도 〈기생충〉에서 부자 집의 사운드와 가난한 집의 사운드가 기본적으로 다르게 디자인되어 있다. 박찬욱 감독의 〈헤어질 결심〉은 배우들의 숨소리까지도 세밀하게 가공된 사운드다.

영화 음악 역시도 영화에 몰입하고 영화를 체험하는 데에 있어서 중요한 요소이다. 흔히 영화 음악을 영상의 보조 역할로 생각하는 경우가 많지만, 사실 음악은 영화의 심장과 같다. 장면에 새로운 의미를 부여하고, 리듬감을 주기 때문이다. 많은 영화의 명장면들이 음악과 함께 만들어진다. 스릴러나 공포 영화에서 음악이 빠지면 그처럼 지루한 장면이 없다.

스티븐 스필버그의 〈E.T.〉의 명장면을 기억하는가. 아이들이 자전거를 타고 하늘로 올라갈 때 존 윌리엄스의 음악이 함께 흘러나오는데, 장면과 음악이 함께 어우러지는 쾌감은 이루 말로 표현하기 어렵다. 영화 〈그래비티〉는 우주라는 공간의 사운드를 섬세하게 디자인하였다. 그 영화를 볼 때면 마치 우리도 우주 한복판에 있는 듯한 느낌이 드는데, CG의 훌륭함 때문이기도 하지만, 사운드 디자인 때문이기도 하다. 공포 영화를 볼 때 사운드를 *끄고* 본다면 그토록 지루한 영화는 없다.

사운드는 정말 중요하다. 집에 스피커 시설이 잘되어 있으면 좋겠지만, 그러지 못하더라도 서라운드 이어폰이나 헤드폰을 활용해서 영화를 감상한다면 영화를 더 깊게 체험할 수 있을 것이다.

영화 속 세계관의 구현

좋은 영화에는 감독의 시선이 담긴 세계관이 존재한다. 현대의 영화에서 세계관이 점점 중요해지고 있다. 과거에는 철학이나 신학에서 사용하는 단어였는데 지금은 대중 예술의 영역에서도 흔하게 사용하는 단어가 되었다. 특히 영화는 하나의 세계를 창조하듯이 만들어진다는 점에서 세계관이 중요하다. 빈약한 세계관 위에 인물들이 움직이면 영화의 설득력이 떨어진다.

특히 SF 영화에 있어서 세계관 설정은 무엇보다 중요해진다. 〈매트릭스〉와 같은 영화는 감독이 『시뮬라시옹』이라는 책을 탐독하고 배우와 스태프들에게도 읽도록 권했다는 일화가 있다. 그리고 크리스토퍼 놀란 감독은 〈인터스텔라〉를 만들기 위해서 킵손의 자문을 구하고, 과학 논문을 엄청나게 공부했다는 인터뷰를 보았다. 이 모든 것이 자신이 만드는 영화의 세계관을 탄탄하게 하기 위함이다. 비록 영화 스토리에 전부 담아내지 못한다 하더라도 감독의 이런 공부를 통해서 영화의 서사와 미장센은 더 견고해지고 이야기의 설득력을 갖게 된다. 드니 빌뇌브 감독의 〈듄〉 시리즈도 마찬가지다. 감독은 어린 시절부터 그 책을 읽고 마음속에 오랜 시간 숙성시켜 수십 년이 지나 그 세계를 완벽하게 펼쳐 낸다. 때론 멀리서 찍은 롱숏으로 창조된 세계를 보여 주면서도, 반대로 현미경으로 관찰하듯이 가까운 클로즈업으로 세계의 디테일을 보여 줄 때 더 실제감을 갖게 되고 관객들도 몰입이 된다. 작은 디테일이 영화 속 세계의 핵심을 보여 주기 때문이다.

최근 한국의 SF 영화들이 평단이나 관객들에게 아쉽게도 좋은 평가를 못 받는 경우가 많았는데 바로 이 세계관 설정이 빈약하기 때문이다. 깊은 연구를 통해 세계관의 기초를 탄탄하게 쌓기보다 그저 아이디어 회의 수준으로 세계관 설정을 하니, 그 얄팍함이 큰 스크린에 그대로 드러나고, 관객들은 재미없다고 느끼게 된다. 상상의 세계를 시각 이미지로 설득력 있게 구현하는 일은 쉬운 일이 아니다. 그 일이 어렵기 때문에 좋은 영화를 만드는 영화감독에게 사람들이 경의를 표하는 것이다. 사실 SF 영화뿐 아니라, 대부분의 좋은 영화에는 감독의 세계관이 깊게 묻어나 있다. 봉준호 감독은 이 세계를 계급의 구조로 나누어 있는 세계로 바라보고, 나홍진 감독은 물질의 영역 너머에 존재하는 미스테리한 세계에 집중한다. 박찬욱 감독은 죄를 지은 인물은 반드시 대가를 치르는 '속죄'의 세계관을 중요하게 여기고, 쿠엔틴 타란티노의 〈펄프 픽션〉 같은 영화는 아주 폭력적이지만, 유신론적 세계관이 바탕이 되어 있다.

이러한 세계관은 그저 아이디어 회의 수준으로 이루어지는 것이 아니라, 감독의 신념이자 마음속에서 오랜 시간 숙성되어진 세계관인 것이다. 그럴 때 구체적인 영화적 비전을 가질 수 있고, 두터운 텍스트로써의 영화가 만들어질 수 있다.

나만의 방식으로 해석하라

과거에는 미디어 생산자가 수용자보다 위에 있어서 감독의 의도를 듣는 게 중요한 시대가 있었다면, 지금은 평등한 관계로 수용자의 '창의적 해석'이 중요하다. 때로는 창작자가 의도한 것 이상으로 의미 부여를 할 수도 있고, 서사의 빈 칸을 관객이 스스로 채울 수도 있다. 영화의 의미는 예술과 관객과의 대화를 통해서 더 풍성해진다.

그런데 한국에서 하나의 명확한 답을 찾는 교육 시스템을 지나온 이들은 이런 주체적인 감상에서 어려움을 느끼기도 한다. 영화 해석에도 하나의 정답이 있다고 생각하는 것이다. 그래서 유명한 평론가의 해설을 정답인 것처럼 지나치게 의존하는 경향도 나타난다. 물론 그런 과정이 공부가 될 수도 있겠지만, 좀 힘들더라도 스스로 해석을 시도하고 나누는 경험을 해 보기를 추천한다. 스스로 생각하고 곱씹는 시간을 오래 가질수록 영화를 보는 안목이 깊어질 수 있다.

창의적 영화 감상에 대해 이야기할 때, 내가 자주 인용하는 말이 '제3의 의미'이다. 롤랑 바르트는 사진 감상에 대해 이야기할 때 이 개념을 사용하였는데, 나는 이 개념을 영화 감상에도 활용할 수 있다는 생각이 들었다. 그렇다면 롤랑 바르트가 말한 **"제3의 의미"**는 무엇일까? 그것은 **"지식이나 정보에 의해 한눈에 파악될 수 있는 '가장 자연스럽게 떠오르는 의미'와 달리, 의미가 고정되지 않고 표류하는 모호함을 지닌 '무딘 의미"**이다. 그것은 자신에게만 와닿는 의미이며, 제작자가 의도하지 않은 엉뚱

한 곳에서 재미를 발견하는 일이기도 하다. 그러므로 이러한 의미를 발견하는 일은 그 어떤 사회적 교양 지식이 필요치 않다고 말한다. 바르트는 그의 저서 『환한 방』에서 '스투디움'과 '푼크툼'이라는 개념을 이야기했는데, '푼크툼'의 개념이 나에게 너무 흥미로워서 영화 감상에 적용하기로 했다. 내가 이 개념에 꽂힌 이유는 흔히 영화를 해석할 때에 정답을 찾는 과정으로 여기는 경우가 많기 때문이다. 마치 과거에 수능 언어 영역 시험에서 단어의 의미를 찾는 문제를 풀듯이 영화 속 소품의 의미에 하나의 정답이 있다고 생각하는 것이다. 물론 어떤 면에서는 필요하기도 하지만, 꼭 그럴 필요는 없다. 우선은 수용자가 영화를 어떻게 받아들였는지가 먼저이다. 영화의 의미는 영화 텍스트와 수용자와의 대화를 통해서 더 풍성해진다. 그리고 감독의 의도나 평론가의 코멘트는 참고 자료로 사용할 수 있을 것이다.

우리가 영화를 볼 때 종종 핵심 서사가 아닌, 주변부적인 것에 꽂히는 경우가 있다. '푼크툼'의 의미에 따르면 그 부분이 중요하다. **"내가 그것을 찾으러 가는 것이 아니고, 마치 화살처럼 그것이 사진의 장면에서 출발하여 나를 관통하러 오는 것"**이다. 그것은 **"나를 찌르는 디테일(detail)"**이다. 이러한 의미의 발견은 개인의 관심사나 트라우마와 연결된다. 사실 우리들은 영화를 보며 이러한 일을 경험한다. 영화 속에 나타나는 인물의 의상이나, 소품, 상황 등에서 옆 사람은 못 느낀 나에게만 와닿는 의미를 종종 발견한다. 하지만 우리는 주로 겉으로 드러난 주제와 일반적의 의미만을 다른 사람과 대화를 나눌 때에 다룬다. 그건 '스투디움'이다. 누구나 공유하는 주제이자 의미를 말한다. 하지만 바르트는 자신만의 해석을 중요하게 여기고, 이런 막연한 체험을 **'제3의 의미'**라는 개념으로 설명한다.

이렇게 영화 속에서 '제3의 의미'를 발견하는 일은 관객을 그저 제작자의 의도대로 따라가는 수동적 위치에서 벗어나, 보다 창조적으로 영화를 해석하는 위치로 올려놓는다. 즉, **"관객 저마다의 고유한 체험과 기억, 그리고 상상력을 바탕으로 자기 나름대로 리듬에 따른 독자적이고 주관적인 영화 감상"**이 가능해지는 것이다. 이러한 태도는 관객이 감상자가 아닌, 공동의 작가다. '제3의 의미'는 모든 사람들이 하나의 공통된 지식 체계 속에서 같은 해석을 하도록 강요하는 것을 거부한다. 이런 창의적 해석을 표현하고 공유한다면 영화 예술 향유에 있어서 최고의 경지라고 볼 수 있다.

최근 영화의 서사가 점점 진화되면서 명확하게 한 가지로 해석되지 않는 영화 텍스트가 많아지고 있다. 감독들도 관객들이 상징을 찾는 해석의 즐거움을 누리도록 명료한 의미를 드러내지 않고 괄호 치기로 남겨 둔다. 주로 아트하우스 영화 쪽에서 이런 영화들을 많이 만난다. 그런 영화를 만날 때 관객은 창조적 영화 해석의 즐거움을 최대치로 누리게 된다.

2장

영화 속 인문학적 테마들

〈기생충〉, 계급을 미학으로 표현하는 방식

"이거 굉장히 상징적이네요."

어쩌면 우리 시대에 가장 시급한 주제는 사랑보다 계급의 문제일지도 모른다. 자본주의라고 하는 포장지 아래에 감추어져 있지만, 전 세계적으로 빈부 격차는 점점 커지고, 현대를 살아가는 사람들의 삶의 만족도는 점점 떨어지고 있다. 계급 갈등은 우리 시대의 가장 중요한 주제임에도 불구하고, 사회적 논의에서 제외되는 경우가 많다. 그런 가운데 이 주제를 집요하게 파고드는 감독이 있으니 바로 봉준호 감독이다. 그는 데뷔작 〈플란다스의 개〉를 시작으로 〈설국열차〉에서는 좀 더 우화적이면서 장르적으로 계급의 주제를 드러내었고, 드디어 〈기생충〉을 통해 봉준호의 계급 미학을 완성해 냈다.

2019년은 그야말로 기생충의 해였다. 칸 영화제 황금종려상을 받은 것도 기적 같았는데, 바로 이어 아카데미 영화제에서 4관왕까지 이루어 낸 〈기생충〉의 성취는 놀랍다. 심지어 국내 개봉 당시 천만 관객까지. 작품성과 대중성을 모두 충족시키면서 한 편의 영화가 이룰 수 있는 모든 것을 다 이루었다. 한 편의 영화가 미학적 의미를 갖는 것도 어려운데, 이 영화를 통해 한국 사회를 비롯해 전 세계에 '계급 담론'이 풍성해지는 계기가 되었다. 영화 〈기생충〉의 영화사적 위상이 너무 높아서 리뷰와 평론이 넘쳐 나는데, 굳이 하나를 더하는 게 의미가 있겠냐만 한 발 더 나아가는 지점이 있다고 판단이 들어 글을 쓰기로 했다. 이 영화가 나에게 특별한 의미로 다가온 이유는 '계급'의 주제를 날카롭게 다룬 서사뿐 아니라, 봉준호 감독이 꾸준히 추구하는 한국적 리얼리즘 미학이 완성되었다는 느낌이 들어서다. 물론 이 말은 매우 추상적인 표현인데다가, 영화 예술이란 것이 국가별로 명확하게 나눈다는 것이 말이 안 된다는 것을 알면서도 정서적으로 그렇게 느껴졌다. 과거의 한국 영화를 생각해 보면 좋은 작품이 많았지만, 홍콩의 왕가위 감독이나 일본의 이와이 순지 감독, 혹은 할리우드의 타란티노 감독의 독특한 서사와 미학을 흉내 내는 경우가 많았다. 한국 영화의 대중적 인기는 할리우드를 넘어섰지만, 오리지널리티가 느껴지지 않았다. 그런데 봉준호 감독의 〈기생충〉은 좀 달랐다. 단순히 예쁘게 찍거나 다른 걸작 영화를 흉내 내는 방식으로 만들기보다는, 한 예술가의 내면에서 우러나오는 영화 미학을 표현해 내겠다는 야심과 집중력이 느껴지는 작품이었다. 그런 작품들은 신기하게도 영화의 첫 숏 shot이 시작되자마자 기운이 남다르고 클래식한 우아함이 풍겨 난다. 그 집중력이 마지막 장면까지 흐트러지지 않고 마치 칼과 같이 전 세계를 향해 뻗어나간다.

봉준호 영화가 뛰어난 이유는 그가 세상에 던지고자 하는 화두를 압축된 서사와 영화 언어와 미학으로 완벽하게 표현해 냈기 때문이다. 그의 영화는 줄거리와 주제가 전부가 아니다. 유튜브에서 줄거리 소개 영상을 보았다고 해서 〈기생충〉을 보았다고 할 수 없는 것이다. 좋은 영화일수록 미학과 체험적 의미를 갖는다. 영화의 이미지와 사운드를 통해서 풍성한 예술적 체험을 안겨다 주면서도 영화 미학으로 주제를 표현해 낸다. 봉준호 감독은 영화 속의 공간의 디자인, 미장센, 음악, 조명, 소품, 인물의 갈등 구조 속에 다양한 함의들을 담아내고 주제 안에서 일관성을 갖는다. 좋은 감독들은 영화가 숏shot의 예술이란 것을 인지한다. 평범한 감독들은 줄거리를 잘 전달하는 것에 만족한다면, 비범한 감독은 숏shot 하나하나에 온 에너지를 쏟아 부어 그 자체로 예술적 의미를 갖도록 한다. 심지어 카메라의 작은 움직임에서도 미학적 의미를 담아내는 것이다.

영화 〈기생충〉은 상징으로 가득하다. 봉준호 감독은 대학 시절에 기호학을 열심히 공부한 탓에 영화 속 모든 장면과 소품 속에 다양한 의미를 담아낸다. 때로는 명확한 해석이 가능하기도 하지만, 의미가 자꾸 미끄러지기도 한다. 해석의 가능성을 완전히 열어 놓는 것이다. 그래서 유튜브에서도 영화 속 상징을 찾는 리뷰가 난무하기도 한데, 나는 그런 퍼즐 게임을 푸는 듯한 태도보다는 영화의 핵심과 맞닿아 있는 상징들을 중심으로 살펴보려 한다.

우선 공간을 살펴보자. 좋은 영화에서 주로 공간은 캐릭터다. 이 영화도 마찬가지다. 전반부에 중요한 두 공간이 대조를 이루는 데 박 사장의 집과 기택 가족의 집이다. 박 사장의 집은 궁전처럼 웅장하고, 내부는 2층으로 된 구조와 커다란 창문이 눈에 띈다. 반면 기택의 집은 좁고 화장실 변기의 위치가 독특하다. 기택의 집에도 창문이 있는데, 가로로 길게 늘어진 영화 스크린 같은 느낌으로 디자인되었고, 창밖 풍경은 남루한 서민들의 삶이 보인다. 사실 영화의 첫 숏shot이 기택의 집 창문 풍경으로 보이는 서민들의 모습이다. 이 첫 숏shot은 사실주의 미학적 특성을 보여 주면서, 감독의 그리는 예술적 비전을 상징한다. 봉준호 감독의 영화에서 주인공은 늘 평범한 사람들이다. 〈플란다스의 개〉에서는 교수를 꿈꾸는 시간강사가 주인공이고, 〈괴물〉에서는 한강 둔치에서 편의점을 하는 가족이 주인공이다. 〈마더〉에서 역시 평범한 엄마가 아들의 누명을 벗기기 위해 몸부림치는 이야기다. 모두 사회적 약자이면서 평범한 서민이 주인공이다. 그래서 관객들이 봉준호의 영화를 더 사랑하는지도 모른다. 텔레비전 드라마에서는 주로 대중들이 동경하는 귀족들의 삶을 많이 다룬다면, 봉준호 감독은 반대의 길을 걷는다. 〈기생충〉 첫 숏에서 보이는 창문 밖일상의 풍경은 봉준호 감독의 예술관인 것이다. 창문을 비추던 카메라가 수직으로 내려오면 쭈그리고 앉아 있는 기우(최우식)의 모습이 보인다. 기우는 와이파이가 잡히지 않아서 애를 먹고 있다. 사실 그 와이파이도 윗집에 기생해서 사용하는 것이다. 첫 대사와 에피소드를 통해서 영화의 핵심 주제인 '기생의 모티프'를 담아낸다. 기우의 동선을 따라서 가족들이 한 명씩 소개되는데, 아빠 기택이 누워 있다. 이 역시도 상징적인데 어른 세대의 게으름을 보여 준다. 피지컬이 좋은 아내는 발로 누워 있는 남편을 차며 "계획이 뭐야?"라며 나무란다. 기택뿐 아니라, 이 영화에서 잠을 자면서 등장하는 또 한 명의 인물이 있다. 바로 연교(조여정)다. 기우가 박 사장 집에 첫 과외를 가게 된 날, 연교는 잠에 들어 있다. 문광(이정은)이 박수를 쳐서 깨우자 겨우 일어나 기우를 맞이한다. 기택과 연교가 잠을 자는 모습으로 첫 등장하는 것은 그냥 지나치기에는 의미심장하다. 그의 영화는 재미있는 이야기를 전달하는 것을 넘어서 모든 장면 속에 주제와 상징이 담겨 있다.

〈기생충〉에서 가장 인상 깊은 상징은 비와 계단이다. 이 영화는 '수직적인 움직임'에 중요한 의미를 부여한다. 카메라 움직임도 수직 하강 움직임이 주를 이루고 있고, 비 역시도 수직 운동을 한다. 계단은 우리 사회의 계급 구조를 상징적으로 보여주는 매개이다. 기우가 편의점에서 친구와 대화를 나눌 때에도 배경에 계단이 보이고, 기택의 가족이 문광 부부를 꽁꽁 묶어 버리고 탈출할 때 그들은 계단을 계속 내려간다. 그것은 계급의 추락이자, 인간성의 추락이다. 영화는 그런 매개의 움직임 뿐 아니라, 카메라의 수직적인 움직임에도 의미를 부여한다. 많은 화제가 되었던 소파 베드신에서 박 사장 부부는 애정 행각을 벌이는데, 이 장면에서 카메라가 수직으로 내려오면, 테이블 아래에서 차렷 자세로 뻣뻣하게 누워 있는 기택의 모습이 보인다. 박 사장 부부의 모욕적인 말에도 그는 자신의 존재를 드러내면 안 되기에 참기만 한다. 이 장면에서의 카메라 움직임 역시도 계급의 미학을 표현해 낸 것이다.

영화 속 '수석'의 의미를 찾고자 하는 토론이 활발했다. 심지어 기우가 돌을 두 손에 들고 "굉장히 상징적이네."라는 대사까지 내뱉는다. 감독은 왜 이 수석을 중요한 의미를 담은 듯한 소품으로 보여 주었을까. 처음에 이것은 부를 가져다주는 종교적 상징으로 선물을 받게 된다. 돌은 종교의 메타포다. 아무리 힘든 상황 속에서도 기우는 돌을 끌어안고 놓지 않는다. 하지만 마지막에 정작 기우는 이 돌에 맞아서 거의 죽을 뻔한 상황에 처한다. 돌이 기우에게 축복을 주기는커녕, 살인 무기가 된 셈이다. 서사가 진행됨에 따라 수석의 의미는 변주한다. 감독은 돌에 대한 종교적 신앙을 회의하는 태도를 보인다. 물론 이 수석의 의미는 열려 있어서 나의 해석도 여럿 중에 하나에 불과하다.

이 영화에서 세 가족의 모습은 그 자체로 상징적인데, 한국 사회의 계급 구조이면서, 미국과 한국과 북한을 상징하기도 하고, 동시에 한 인간의 내면 풍경을 그리는 모습이기도 하다. 영화 속 연교가 가끔씩 영어로 말을

영화 인문학 콘서트

한다거나, 문광이 북한 말투를 흉내내는 장면 등은 코믹적 요소이면서 메타포다. 봉준호의 영화에서 한 인물은 개인을 넘어서 거대한 세계관을 담고 있는 경우가 많다. 봉준호 감독의 또 다른 계급투쟁의 영화를 다룬 〈설국열차〉를 보아도 열차의 시스템을 유지하려는 월포드는 보수주의를 상징하고, 열차 앞으로 전진하려는 커티스는 혁명가를 상징한다. 그리고 커티스와 여정을 함께하지만, 마음속에서는 열차 밖의 세상을 꿈꾸는 남궁민수는 이상주의자면서 메시아적 세계관을 담고 있다.

〈기생충〉의 박 사장과 지하실 두 가족의 대비는 신과 인간의 관계를 은유적으로 담아내기도 한다. '생일 파티' 시퀀스에서 기택이 박 사장을 칼로 찌르고 지하실로 선을 넘어 지하실로 도망치는 장면은 마치 신을 떠난 인간의 운명과 같다. 이처럼 영화의 레이어 층위가 깊다 보니 〈기생충〉을 본 관객과 비평가들의 해석이 다양한 것이며, 토론하고 싶어지는 영화다.

기존의 계급투쟁 영화는 상류층과 하류층의 갈등을 중심으로 한 이분법적 구조를 취한다면, 〈기생충〉은 세 그룹으로 나누면서 반지하와 지하실 가족의 갈등을 무게 있게 다룬다. 게다가 선과 악이 불분명하다. 이런 면이 우리 사회의 현실을 더 잘 반영하고 있다고 볼 수 있다. 현실에서 약자들끼리의 갈등과 싸움이 점점 심해지고 사회적 문제로 떠오르고 있기 때문이다. 이런 윤리적 딜레마를 잘 보여 주는 장면이 흔히 '믿음의 벨트 시퀀스'라고 불리는 장면이다. 기택의 가족이 치밀한 전략으로 한 명씩 아빠와 엄마까지도 취업을 시키는데, 리드미컬한 몽타주 시퀀스로 빠르게 보여 준다. 관객들은 그 장면에서 신나게 기택의 가족을 응원하게 되는데, 사실 여기에 함정이 있다. 그들의 작전이 성공함으로써 문광이 일자리를 잃어버리는 딜레마에 처하게 된다는 것이다. 바로 제로섬 게임이다. 자신들이 성취를 함으로써, 희생자가 생긴다. 봉준호 감독은 그런 설정을 통해 제로섬 게임과 같은 우리 사회 시스템의 불안함을 상징적으로 그려낸다.

기택의 가족은 마치 스파이처럼 위장 취업에 성공하고, 주인이 없는 박 사장 집에서 만찬을 즐긴다. 화면 구도적으로는 레오나르도 다빈치의 〈최후의 만찬〉과 닮아 있다. 실제로 이 만찬은 기택의 가족에게 최후의 만찬이 되었다. 그들의 실제는 노예 신분인데, 잠시 수인이 자리를 비운 사이에 집안 곳곳을 자기 집처럼 누리며 스스로 계급 상승을 이루었다고 착각을 한다. 그들은 이전의 성실함은 온데간데없고 만취할 때까지 술을 마신다. 그때 재앙이 곧 시작된다는 전조와 같은 벨소리가 울리며 문광이 들어온다. 문광은 지하실에 있는 남편을 향해서 달려가고, 기택의 가족은 지하실의 공간을 보게 된다. 문광은 충숙에게 불우 이웃끼리 서로 돕자며 남편에게 먹을 것을 넣어 달라고 부탁을 한다. 하지만 충숙은 나는 너와 다르다며, 자신이 절대 불우 이웃이 아니라며 급을 나누는 태도를 취한다. 그리고 박 사장에게 보고를 하겠다고 위협한다. 하필 그때 이를 지켜보던 기택 가족들이 우르르 출연하고, 네 명이 한 가족이라는 것을 들키게 된다. 문광은 옳거니 약점을 잡은 듯 스마트폰 카메라로 증거를 담아낸다. 이번엔 충숙과 문광의 권력 관계가 역전이 되었다.

〈기생충〉의 가장 흥미로운 점은 이 부분이다. 기존의 계급 갈등 영화는 민주화를 외치는 시민과 권력층의 갈등이었다. 그런데 이 영화는 밑바닥 계급들끼리 서로 짓밟고 갈등이 커지는 부분에 주목한다. 이는 현대적인 계급 갈등의 모습이다. 과거와 달리 자본주의 사회에 극에 달한 현시대에

피지배 계급은 지배계급을 증오하는 것이 아니라, 동경한다. 그리고 오히려 자신과 같은 처지에 있는 이들과 경쟁하고 서로 간에 싸움을 벌인다. 조금이라도 자신이 더 높은 자리라고 생각하면 "나는 너와 급이 달라."라고 선을 긋고 상대를 무시하는 태도를 갖는다. 지하실에서 문광과 충숙의 갈등은 우리 사회의 아이러니한 계급 구조를 잘 드러내 준다. 지금 시대는 사회적 약자들의 연대가 더욱 어려워졌다. 연대는커녕 오히려 자신보다 조금이라도 약하다고 생각하는 사람을 만나면 느닷없이 갑질을 하고 폭력을 행사하는 경우를 많이 본다. 인간에 대한 믿음이 점점 약해지고 있으며 타인에 대한 불신과 혐오가 점점 커지는 시대이다. 인간이 유인원과 다를 바 없다는 세계관이 지배하고 있다. 현실 세계도 정글 같은데, 온라인 세계에서는 더 잔혹한 전쟁이 벌어진다. 인간 내면에 미덕과 악덕이 공존한다면, 지금 사회는 악덕이 최대치로 끌어올려진 상태인 듯하다.

사실 이러한 현실의 근원은 개인의 문제이기보다 사회구조 때문이다. 자본주의 사회와 경쟁을 부추기는 사회구조는 인간에 대한 예의와 인간성을 소멸시켰다. 이런 세계관은 다르덴 형제 감독의 〈내일을 위한 시간〉의 연장선에 있다. 그 영화에서도 얼마 되지 않은 보너스를 받기 위해 오랫동안 함께 일했던 동료를 외면하는 신자유주의 사회의 딜레마를 보여준다. 결국 사람보다 돈이 최우선의 가치로 자리 잡는 것이다. 자본주의 사회는 사람을 사람으로 보질 않는다. 자신의 이익을 위해서 다른 사람을 속이고 짓밟는 것을 당연시 한다. 〈기생충〉과 함께 〈내일을 위한 시간〉을 함께 본다면 나 자신이 어떤 사회구조 속에 위치하고 있고, 나의 불행이 어디서부터 시작되었는지를 깨달을 수 있을 것이다.

다시 〈기생충〉으로 돌아와서 영화의 결말에 관해 이야기해 보겠다. 물론 영화가 계급 갈등의 풍경을 선명하게 그리고 있지만, 그 이상의 상징이 담겨 있다.

폭풍이 지나고 맑은 날 다송의 생일 파티가 열린다. 우아한 연주와 이벤트가 열리는 중에 아내가 죽은 근세(박명훈)는 칼을 들고 지상으로 올라온다. 첫 피해자는 아이러니하게도 죄책감에 다시 지하실로 내려간 기우다. 그는 지하실 가족에게 미안한 마음으로 찾아갔다가 오히려 화를 당한다. 예상치 못한 파국을 보여 주는 장면이다. 그는 부의 상징이었던 돌에 맞아 피를 흘리며 쓰러진다. 근세는 거기서 멈추지 않고, 야외 생일 파티 장소로 걸어 나간다. 그리고 케익을 들고 가는 기정에게 복수를 한다. 왜 하필 기정일까? 사실 더 큰 원한이 있는 사람은 기택이나 충숙이다. 그런데 딸을 찌른다. 어쩌면 그것이 부모에게는 자신이 죽는 것보다 더 큰 상처로 남기 때문일 것이다. 한순간에 생일 파티는 아수라장으로 변하고, 박 사장은 그곳을 벗어나고자 기택에게 차 키를 던지라고 소리를 친다. 그 순간 냄새가 난다고 인상을 찌푸리는 박 사장의 모습은 기택의 잠재된 분노 감정을 폭발시켜 결국 칼로 박 사장을 찌른다. 기택은 돌이킬 수 없는 죄를 지었고, 결국 지하실로 들어가는 선택을 한다. 그 때의 미장센도 상징적인데, 빛과 그늘의 경계선을 넘어 지하실로 사라진다. 이는 계급 구조에 대한 분노가 표출된 것이면서, 동시에 신에 대한 도피의 상징으로 느껴진다. 결국 신을 죽인 인간은 행복한 것이 아니라, 지하실로 들어가 감옥에 갇힌 듯한 삶을 살아가게 된다. 반지하로 도망친 기택의 모습은 중산층 가장의 모습이자, 인간이 처한 운명이다. 이 마지막 시퀀스는 잔인하면서도 그것이 우리 사회의 현주소를 너무 날카롭게 보여 주고 있다

영화 인문학 콘서트

고 생각한다. 선과 악의 경계가 명확한 것이 아니라, 적절하게 선하고 적절하게 악한 사람들의 욕망이 충돌해서 결국 모두 파멸에 이르는 것이다. 지금 한국 사회의 현주소가 그런 혼란의 시대를 살고 있고, 점점 다 같이 파멸을 향해 가는 듯하여 두렵다. 공동체적 가치는 점점 약해지고, 자신의 가족 외에는 적으로 여기는 이기적인 본능이 극에 달하는 시대다.

기우는 죽은 줄 알았지만, 다시 삶의 기회가 주어지는데 그가 가장 자신이 한 일에 대한 죄의식을 가진 인물이었다는 것과 무관하지 않을 것이리라. 봉준호 감독은 마치 신의 입장이 된 것처럼 기우에게 새로운 삶을 선물로 준다. 그는 돌로 머리를 맞고 피를 흘리며 쓰러졌지만 기적적으로 살아난다. 그렇다고 청년 기우의 삶이 희망적이지는 않다. 그의 삶은 고달픈 삶의 연속일 것이고, 기우가 원하던 집을 사기 위해서는 수십 년의 노동을 견뎌야 가능할 것이다. 영화의 마지막 숏은 첫 숏과 같은 위치에서 촬영을 하고 있는데, 화면 밝기가 다르다. 첫 숏에서는 햇살이 그를 감쌌다면, 지금은 실낱같은 빛만이 구석에 존재한다. 이는 기우의 앞으로의 삶에 희망이 실낱같을 것임을 보여 주는 미장센이다.

미장센으로 읽는 〈헤어질 결심〉

"나는 당신의 미결 사건이 되고 싶어요."

    종종 영화 미장센을 그저 예쁘게 찍는 것이라고 오해하는 사람이 많다. 어떤 사람은 영화 화면이 예쁘면 "이 영화 미장센이 좋다."라고 말한다. 하지만 영화에서 이야기하는 미장센은 좀 더 깊은 의미를 담고 있다. 영화 미장센은 예쁘게 찍는 게 목표가 아니다. 만약 그게 목표라면 뮤직비디오가 영화보다 더 예술적이라고 평가받아야 하는데 그렇지 않다는 걸 우린 직관적으로 알고 있다. 영화 미학이라는 것이 흥미로운 점이 관객들이 직관적으로 어느 정도 느낀다는 점이다. 그런데 전문가는 그 미학적 특징을 구체적으로 말이나 글로 설명할 수 있다는 것이 차이점이다.

    영화는 종종 리얼리티와 주제를 드러내기 위해 의도적으로 예쁘게 찍지 않는 경우도 많다. 아무 철학 없이 예쁘게 찍는 게 좋은 미장센이라면 오해다. 영화 미장센은 그 안에 상징symbol과 주제가 담겨 있다. 전 세계 감독 중에 박찬욱 감독만큼 미장센에 대한 이해가 깊고 이를 자신의 작품 안에 반영하는 감독은 드물다. 세계 영화사 책에 늘 등장하는 위대한 감독들도 박찬욱 감독과 같은 집요한 영화 미학을 추구하지는 못했다고 생각한다. 그의 영화는 훌륭한 서사를 기본으로 하면서도, 하나하나의 숏shot 안에도 풍성한 텍스트로써의 의미로 가득하다. 그렇게 작업을 하면 당연히 촬영이 오래 걸린다. 하지만 이에 대한 박찬욱 감독의 명언이 있다. "빨리 찍는 것은 중요하지 않아. 얼마나 오래 상영관에 걸리는 지가 중요하다."(박찬욱의 몽타주 중에서) 그의 영화는 오랜 정성을 들여 만든 만큼 영화의 밀도가 높다. 한 번 보아서는 다 헤아리기 어려운 복잡한 텍스트다. 특히 〈헤어질 결심〉을 보며 그의 영화 미학의 최고치를 볼 수 있다. 시네마cinema적 체험이란 무엇인지를 체험케 한다. 영화 〈헤어질 결심〉은 여러모로 야심이 느껴지는데, 범인을 찾는 추리극으로 완성도가 높으면서도, 남녀의 사랑을 섬세하고 성숙하게 그리고자 한다.

영화는 산 정상에서 추락한 남자의 변사체가 발견되는 것으로 시작한다. 이 사건을 계기로 담당 형사 해준(박해일)은 사망자의 아내 서래(탕웨이)를 마주하게 된다. 남편의 죽음 앞에서 동요를 보이지 않는 아내. 심지어 '마침내 죽을까 봐.'라고 하는 미묘한 반응을 보인다. 그 가운데 해준은 서래에게 묘한 설렘을 느낀다. 해준은 서래를 용의선상에 올려놓고 잠복수사를 하게 되는데, 그 과정은 마치 사랑이 깊어지는 것처럼 묘사된다. 서래를 의심하면서도 관심은 깊어지고 마침내 마음은 흔들리게 된다. 과연 서래가 정말 남편을 죽인 것일까?

이 영화는 탕웨이를 위한 영화이고, 그 자체가 영화의 핵심이다. 서래(탕웨이)는 해준(박해일)의 마음을 뒤흔들어 놓는 캐릭터이자, 동시에 그 자체로 하나의 메타포metaphor다. 그녀는 남자의 마음을 훔치는 도구적인 매력적인 여성 캐릭터에 머물지 않고, 환경으로 존재한다. 특히 자연의 이미지와 서래(탕웨이)를 오버랩시킴으로써 영화 텍스트를 다층적인 레이어가 쌓여 있게 만들고, 해석에 있어서도 보는 사람마다 자신만의 해석을 하게 만든다. 서래의 의상 색깔과 배경은 '자연의 이야기'라는 것을 은유한다. 서래는 첫 등장부터 시작해서 대부분 파란색이나 녹색 계열의 옷을 입는다. 이는 산과 바다의 색이다. 또 그녀가 등장할 때의 배경 역시도 산과 바다가 섞여 있는 벽지가 보이고, 해준과 다툼을 하는 장면에서도 두 사람의 배경에는 실제 산과 바다가 포개져 있는 배경 앞에 서 있다. 이런 미장센은 그저 예쁜 화면을 위한 이미지를 넘어서서, 주제를 드러내는 미학이 담긴 미장센이다.

서래와 대립되는 인물은 해준의 아내(이정현)이다. 해준과 아내의 관계는 겉보기에는 안정적이지만 매뉴얼적이고 공학적인 뉘앙스를 풍긴다. 두 사람의 대화를 통해서 그런 면을 엿볼 수 있고, 아내의 직업이 원전을 관리하는 사람이라는 면에서 '자연으로써의 서래'와 대립된다. 서래의 배경이 산과 바다의 이미지로 둘러싸여 있다면, 아내는 원전, 스탠드, 스위치 등 전기의 이미지와 함께 프레임 속에 놓여 있다. 그 둘 사이에 놓여서 마음이 흔들리고 고뇌하는 인물은 해준이다. 매뉴얼적이지만 안정적인 관계 속에 있는 아내와 윤리적으로 어긋나지만 본능적인 감정에는 더 솔직한 서래와의 관계 속에서 주인공 해준은 딜레마에 빠진다. 그리고 자신의 직업에서 한 번도 흠과 결이 없이 완벽한 직업윤리 의식을 가진 그는 서래가 범인이라는 단서를 눈감아 주고, 그녀를 떠나보내는 결정을 하게 된다.

이 영화가 서사에 있어서 흥미로운 점은 서래가 남편을 죽이는 장면을 직접적으로는 한 번도 보여 주지 않는다는 것이다. 보통의 영화라면 그 부분을 자극적으로 묘사하는 데에 열중하는데, 〈헤어질 결심〉에서 살인 사건은 철저히 여백으로 괄호 치기가 되어 있고, 오히려 해준이 그녀를

46

만나는 사건을 더 큰 사건으로 묘사한다. 영화는 사건보다 인간의 마음에 집중한다. 많은 작가주의 감독들의 중요한 특징이다. 영화 이야기의 구조로 보았을 때에도 산에서 시체가 발견되는 것은 도입부일 뿐이고, 2막으로 시작되는 진짜 사건은 해준이 서래를 만났을 때이다. 그때 해준의 내면에는 살인 사건을 접할 때보다 폭풍처럼 흔들린다. 그래서 영화는 표면적으로는 살인 사건을 해결해 가는 이야기처럼 보이지만, 더 중요하게 내재된 서사는 사랑 이야기이다. 해준이 서래를 취조하는 장면이나, 잠복해서 그녀를 훔쳐보는 장면은 사랑에 빠져 서래를 더 알아가기 위한 남자처럼 보인다.

박찬욱 감독은 인터뷰에서 이번 영화는 주제 없이 순수한 사랑이야기를 표현하고 싶었다고 말하기도 했다. 그런데 그 사랑의 감정이 겉으로는 잔잔한데, 내면적으로 요동이 치는 것을 미장센과 사운드로 표현하고 있다 보니 관객에 따라서 영화가 전달하는 감정의 깊이가 다르다. 어떤 사람은 최고의 영화적 체험이었다고 고백하고, 어떤 사람은 밋밋하다고 말하기도 한다. 서래(탕웨이)라는 인물이 너무 모호하고, 행동에 있어서도 불명확한 부분이 있어서 뜨거운 로맨스 영화를 기대한 관객들에게는 실망을 안겨 준다. 가끔은 두 사람의 사랑이 그저 썸 타는 정도의 감정처럼 느껴지기도 한다. 그래서 감정에 솔직한 젊은 세대들에게 이 영화가 크게 어필하지 못하였고, 중년 이후의 관객들이 이 영화에 더 열광한 측면이 있다. 수사물로는 뛰어난 스토리텔링을 보여 주는데, 멜로 부분에 있어서 〈화양연화〉나 〈봄날은 간다〉와 같은 여운이 큰 감정을 관객들에게 전달하는 데에는 못 미친 듯하다. 그러나 미장센mise en scene에 있어서는 단연 최고이고, 이미지 안에 담긴 상징을 곱씹어야 비로소 영화의 서사가 완결되는 것을 깨달을 때 더 감탄하게 된다.

　영화의 결말을 보면 감독은 주인공의 외도를 응원해 주진 않는다. 서래와 해준은 서로에게 사랑의 감정을 느꼈지만, 끝까지 가지 않는다. 서래는 망가져 있는 해준에게 다시 붕괴되기 이전으로 돌아가라며 자신의 증거 자료를 넘겨주고, 자신은 원래의 곳으로 돌아간다. 산 모양으로 무덤을 만들어 스스로 들어가고, 파도에 휩쓸려 가는 장면으로 묘사된다. 그녀는 자연이기에, 다시 문명의 세계에 적응하지 못하고 나시 자연 속으로 들어가는 것이다. 마치 인어공주 같다. 이 영화의 제목이 〈헤어질 결심〉으로 지어진 것은 의미심장하다. 그 자체로 강렬한 정서를 전달한다. 헤어질 결심의 주체는 서래다. 서래는 해준을 사랑했지만, 그것이 윤리적으로 옳지 않다고 판단한다. 자신 때문에 붕괴된 해준에게 미안한 마음을 갖는다.

　박찬욱 감독의 영화에서 주인공은 언제나 자신의 죄에 대해서 깊게 성찰하는 인물이다. 그저 본능대로 쾌락을 추구하는 인물이 아니다. 종종 어떤 사랑 영화는 그저 본능대로 행동하는 주인공을 미화하는데, 박찬욱 감독의 서사는 그런 방향으로 나가질 않는다. 그런 점에서 인간의 본능에 거스르는 결말이기도 하다. 그의 대표작으로 여겨지는 〈박쥐〉도 마찬가지다. 자신이 살기 위해서는 매번 인간의 피를 훔쳐야 하는데, 상현(송강호)은 그런 존재론적 딜레마를 견디지 못한다. 그 역시 친구의 아내를 탐하는 불륜을 저지르고 심지어 친구를 살해까지 하는데, 그에 대한 죗값을 치르는 것으로 영화를 마무리 짓는다. 두 사람은 결국 태양을 마주하며 스스로 소멸한다. 〈친절한 금자씨〉도 마찬가지다. 박찬욱 감독의 영화에서 '속죄atonement'의 모티프가 언제나 중요하게 작용한다. 기독교적 세계관에서 그 '속죄'는 예수가 대신 죽으심으로 해결되었다면, 박찬욱 감독의 영화에서는 인간이 직접 대가를 치러야만 한다. 이런 설정이 담겨 있기에 영화 속 인물은 현대적이지만, 거대한 비극 서사처럼 느껴지기도 한다. 박찬욱 감독의 대표작으로 여겨지는 〈올드 보이〉도 마찬가지다. 험담으로 타인에게 씻을 수 없는 상처를 주었던 오대수는 자신의 혀를 스스로 자르는 죄의 대가를 치르게 된다. 그리고 그런 오대수에게 가혹한 복수극을 펼쳤던 이우진 역시 스스로 자멸한다.

다시 〈헤어질 결심〉으로 돌아와서 서래의 선택은 한편으로는 남편을 죽인 것에 대한 죗값을 스스로 치루는 것이면서, 동시에 해준의 마음속에 영원한 미결 사건으로 남기 위한 이기적인 선택이기도 하다. 해준에게 서래는 누구에게도 말 못 할 비밀로 영원히 존재할 것이다.

이창동 감독 〈버닝〉, 메타포로 가득한 영화

"이 세상은 꼭 수수께끼 같아요."

영화 〈버닝〉은 수수께끼로 가득한 영화다. 영화 속 종수(유아인)는 이 세상이 수수께끼 같다고 말하지만, 이 영화를 바라보는 관객의 마음도 그렇다. 표면적인 스토리로만 보면 어렵지 않다고 말할 수도 있지만, 장면들을 곱씹으면 곱씹을수록 영화 속의 많은 것들이 메타포metaphor로써 기능하고, 명확한 요소가 적고, 다양한 해석을 가능하게 한다. 〈인셉션〉이나 〈블레이드 러너〉 같은 모호한 엔딩 장면의 해석으로 논란이 되었던 것처럼 〈버닝〉도 영화의 대부분의 장면이 괄호 치기로 되어 있어 보는 사람마다 다른 해석을 가능하게 한다. 결국 나의 이 글 역시도 정답이기보다는 여러 해석 중에 하나가 되는 셈이다. 이런 영화가 소중한 이유는 우리에게 해석의 즐거움을 안겨다 준다는 점이다. 영화를 단순히 오락의 도구가 아닌, 다층적인 의미가 담긴 텍스트로써 기능한다. 그래서 관객에게 주체의 경험을 제공해 준다.

줄거리는 다음과 같다. 유통 회사 알바생 종수(유아인)는 배달을 갔다가 어릴 적 같은 동네에 살았던 해미(전종서)를 만난다. 그녀는 아프리카 여행을 간다며 종수에게 그동안 자신이 키우는 고양이를 돌봐 달라는 부탁을 한다. 여행에서 돌아온 해미는 아프리카에서 만난 정체불명의 남자

벤(스티븐 연)을 소개한다. 어느 날 벤은 해미와 함께 종수 집에 찾아와 자신의 비밀스런 취미를 고백한다. 비닐하우스를 태우는 취미. 그때부터 종수는 불길한 예감에 사로잡혀 해미의 안전을 염려한다.

　이 영화는 우리 시대를 살아가는 청년의 이야기와 계급의 주제를 보여 준다. 봉준호 감독의 〈기생충〉과 함께 〈버닝〉은 계급의 주제를 영화 미학으로 승화시킨 걸작이다. 〈기생충〉의 한 지붕 안에 사는 세 가족을 통해서 계급 구조를 드러냈다면, 〈버닝〉은 벤, 종수, 해미 세 인물의 삼각관계를 통해 계급 관계를 보여 준다. 종수의 눈에 벤은 그야말로 미스터리한 인물이다. 자기는 땀 흘리며 노동을 해야 하루를 버틸 수 있는데, 벤은 매일 노는 것처럼 보이는데 고급스런 파티를 즐기고, 최고급 식사를 하고, 외제차를 소유하고 있다. 종수는 그런 벤을 향해 "우리나라에 개츠비가 너무 많아."라며 못마땅해 한다. 대부분의 대한민국 청년이라면 종수에게 감정이입이 된다. 한국 사회의 불평등한 계급 구조를 이해하기 어렵고, 이에 대해 스스로 해결 방안을 찾는 것은 불가능해 보인다. 종수의 자위 장면이 영화에 자주 나오는데, 그것은 청년의 무력함을 보여 준다. 불합리한 세상에 분노하지만, 한 개인으로 할 수 있는 것은 아무도 없고, 그는 그저 남산 타워를 바라보며 자위를 하는 게 전부이다.

　영화에서 '벤'이라는 인물은 매우 모호하고 추상적으로 그려지는데, 인물이 메타포로도 기능하고 있기 때문이다. 그는 계급적으로 상위 1퍼센트에 속한 인물이면서, 동시에 '신으로의 은유'도 담고 있다. 종종 벤은 여러 장면에서 자신이 신의 입장인 듯한 대사를 내뱉는다. 종수와 해미를 초대해서 직접 요리를 해 주면서, 요리는 "인간이 신에게 제물을 바치는 것"이라며 스스로 요리를 해서 먹는 행위를 구약시대의 제사와 연결 지어 표현을 한다. 그래서 요리가 좋다고 말한다. 신의 모티프를 떠오르게 하는 대사다. 그리고 벤과 해미가 카페에서 데이트를 하는 장면도 그렇다. 맞은편에 종수가 지켜보는 상황에서 벤은 해미 마음에 돌이 있다며 그것을 빼 주겠다고 말하며 진짜 돌멩이를 보여 준다. 그저 커플끼리의 유치한 장난으로 치부할 수도 있지만, 이 장면 역시 벤이 예수의 메타포 metaphor라는 것을 드러내는 대사다. 그리고 영화 후반부에 종수가 벤이 의심스러워 미행하는 장면이 있는데, 벤은 산 정상에 올라가 넓은 호수를 내려다보고 있다. 이 모습은 마치 인간의 세상을 내려다보는 신처럼 느껴진다.

〈버닝〉에서 인상 깊은 또 하나의 장면이 있다. 하루는 벤이 자신의 친구들과의 모임에 종수와 해미를 초대한다. 그때 해미가 리틀 헝거와 그레이트 헝거를 설명하며 삶의 의미를 추구하는 그레이트 헝거에 대한 춤을 추는 장면이 있다. 이를 바라보는 벤의 친구들은 해미를 신기하게 여긴다. 심지어 벤은 그녀의 춤에 전혀 무관심하고, 심지어 하품을 한다. 이 장면도 메타포로 기능하는데, 신의 도움을 구하는 인간들에 무관심한 신의 모습을 은유적으로 보여 준다. 한 범죄 심리학자는 이 장면은 벤이 사이코패스라는 증거로 보기도 하는데, 표면적인 해석으로는 충분히 가능하지만 은유적으로 해석을 하면 '의미를 구하는 인간에게 전혀 무관심한 신'의 모습이다.

사실 영화에서 가장 해석이 다양한 부분은 '비닐하우스'다. 종수의 집에 놀러온 벤은 지는 노을을 바라보며 자신은 두 달에 한 번쯤 비닐하우스를 태우는 취미가 있고 그때마다 희열을 느낀다고 말한다. 이것은 실제로 태운다는 말일까? 아니면 역시 메타포로 해석해야 할까? 종수는 소설가 지망생답게 그 말을 메타포로 해석한다. 그래서 해미의 위험을 감지하고, 동네의 비닐하우스를 돌아다니기 시작한다. 하지만 불에 탄 비닐하우스는 발견되지 않는다. 그런 가운데 해미마저도 사라져서 연락이 되지 않아 종수는 더 불길함을 느낀다. 벤은 그녀가 연기처럼 사라졌다고 말한다. 해미는 노을과 오버랩되는 인물이다. 그녀가 해가 지는 노을 앞에서 춤을 주는 장면이나, 그녀의 옷 색깔, 노을처럼 사라지는 인물이라는 점에서 그렇다.

해미의 사라짐은 '존재한다는 것은 무엇인가?'에 대해 성찰하게 만든다. 영화 초반에 해미는 종수에게 귤을 먹는 팬터마임을 보여 주며 "귤이 있다고 생각하지 말고, 귤이 없다는 걸 잊으면 돼."라고 했던 말이 떠오른다. 그리고 그녀가 귤을 먹는 시늉만 하는데, 그걸 보는 종수와 관객들은 시큼한 맛을 신기한 체험을 한다. 우리의 뇌는 그렇게 잘 속는다. 존재에 대한 고민은 해미가 들려주는 이야기에서 더욱 확장된다. 바로 '고양이'와 '우물'이다. 해미는 종수에게 고양이를 돌봐 달라고 부탁하지만, 종수는 그 집에서 고양이를 한 번도 보지 못한다. 그리고 또 해미는 7살 때 자신이 우물에 빠졌었고, 그런 자신을 종수가 구해 주었다고 말한다. 하지만 해미의 가족과 동네 이장에게 우물의 존재를 묻지만 그런 건 없었다고 말한다. 아마도 해미가 종수와 가까워지기 위해서 거짓말을 했을 확률이 크다. 하지만 마치 처음에 보여 주었던 귤 팬터마임처럼, 관객의 머릿속에는 고양이와 우물의 잔상이 머릿속에 그려진다. '존재함'과 '존재하지 않음'의 경계가 머릿속의 의식 속에서는 모호하다. 이 영화에서 하나의 정답을 찾는 것을 불가능하다. 영화는 서사가 진행되는 내내 존재의 본질에 대해서 질문한다.

그렇다면 벤은 해미를 죽였을까? 벤이 비닐하우스의 취미를 이야기할 때 연쇄살인범 같은 뉘앙스가 풍기며 그를 의심하게 된다. 하지만 종수가 아무리 미행을 해 보아도 그런 면은 발견되지 않는다. 그러던 어느 날 다시 벤의 집에서 자신이 선물해 주었던 해미의 시계를 발견하고는 다시 의심이 커지게 된다. 관객들은 종수에게 감정이입이 되기에 함께 벤을 의심하게 되지만, 사실 알 수 없다. 여성들의 소지품이야 집에 놀러 와서 놓고 간 것을 얼마든지 모아둘 수 있는 일이기 때문이다. 그런데 거기에 한 가지 더 의심 가는 것이 고양이가 벤의 집에 있다는 점이다. 의심이 많은 종수는 그 고양이가 혹시 해미의 집에서 데려온 게 아닐까 생각한다. 심지어 "보일아."라고 부르자 고양이가 자신에게 안기니, 종수는 더욱 의심을 굳힌다. 하지만 이 부분 역시 명확하지는 않다. 고양이는 그저 자신을 보며 손을 내미는 종수가 좋아서 다가간 것일 수 있다.

하지만 종수는 스스로 확신을 하고 벤과 파주에서 단둘이 만남을 가진다. 그리고 벤을 칼로 찌른다. 그것은 계급 불평등에 대한 종수의 분노 표출이고, 동시에 벤이 해미를 죽였을 거라고 판단한 종수의 복수이기도 하다. 종수는 벤과 포르쉐와 자기 옷을 함께 불로 태우고, 그 자리를 떠난다. 영화는 비닐하우스가 아닌, 포르쉐가 타는 장면으로 맺음을 짓는다.

영화는 온통 모호함으로 가득 차 있고, 무엇하나 분명하게 알려 주지 않는다. 이 영화는 일반적인 장르 영화처럼 지적인 게임으로써의 영화와 거리가 멀다. 그야말로 미스테리와 같은 영화다. 그런데 이런 모호함 속에서 관객들은 알 수 없는 영화적 체험을 하게 되고, 성찰을 불러일으킨다.

영화 인문학 콘서트

그리고 영화 속 틈을 스스로 채우고자 한다. 종수가 벤을 의심하듯, 우리도 어떤 하나의 서사를 욕망한다. 아마 이 영화를 처음 보았을 때 내가 그랬듯, 혹은 범죄 심리학자가 이 영화를 보고 해석하듯이 많은 사람들도 종수처럼 벤이 연쇄살인범일거라 확신했을 것이다. 하지만 다시 생각해 보면, 증거가 너무 부족하고, 그건 우리가 '욕망하는 서사'라는 생각이 든다. 어쩌면 해미는 늘 그랬던 것처럼 정기적으로 잠수를 타고 사라졌을지 모른다. 기분이 풀리면 다시 돌아올지 모른다. 영화 속에서 종수가 소설가 지망생이라는 점은 그래서 중요하다. 그는 실제보다 과하게 타인의 말과 행동을 추측하고 해석한다. 그리고 복잡한 현실을 단순화해서 한 대상에게 분노를 표출한다. 사실 벤은 진짜 부유하면서 너그럽고 친절한 친구였을지도 모른다. 해미를 보기 위해 파주까지 왔다는 건 벤이 종수와 해미를 친구로 여겼다는 것을 보여 준다. 그렇다면 그의 죽음은 너무 억울하다. 하지만 그렇다고 벤에게 아무런 잘못이 없다고는 할 수 없다. 그가 큰돈을 벌어들임으로써 수많은 노동자들의 삶을 빼앗기도 하기 때문이다. 하지만 그는 죄의식을 느끼지 않는다. 엄청난 부를 누리지만 내면은 공허한 사이코패스와 같다. 어쩌면 사람을 비닐하우스 태우듯 없애 버리는 범죄자일지도 모른다. 영화를 마지막까지 보고, 여러 번을 보아도 무엇 하나 결론을 내릴 수 없는데, 그 모호함이 이 영화의 핵심이다. 우리가 살고 있는 세계도 사실 미스터리로 가득하고, 무엇 하나 명확하게 결론 내릴 수 있는 것이 별로 없기 때문이다. 우리의 욕망대로 영화의 빈칸을 메우게 된다.

고레에다 히로카즈 감독의 〈괴물〉, 괴물은 누구게?

"괴물은 누구게?"

고레에다 히로카즈 감독은 현재 한국에서 가장 사랑받는 일본 감독이다. 그의 신작 영화가 국내에서 개봉할 때면 한국 관객들에게 큰 환영을 받는다. 이에 대한 보답으로 한국 배우들과 협업을 많이 하기도 했다. 초기에 〈공기인형〉이라는 작품으로 배두나 배우와 함께했고, 최근에는 〈브로커〉라는 한국 영화를 찍어서 송강호 배우가 칸에서 수상을 하기도 했다.

우선 고레에다 히로카즈 감독의 영화를 이해하는 첫걸음은 그의 영화는 영화사적으로 매우 사실주의적 형식을 띠고 있다는 점이다. 사실주의 미학이란 소재도 그렇지만, 형식적인 측면을 말하는데, 영화의 배경이 세트와 같은 가공적인 공간이 아니라, 일상의 공간이 배경이 된다. 배우의 연기도 과잉된 연기보다는 매우 자연스러운 연기 스타일이고 심지어 비전문 배우를 등장시키는 경우가 많다. 그래서 때론 영화가 다큐멘터리처럼 보일 때가 있다. 드라마와 다큐멘터리의 경계 사이를 걷는다고나 할까. 고레에다 감독의 영화 중 대표적으로 〈아무도 모른다〉나 〈원더풀 라이프〉를 보면 사실 대본이 다 있는 영화임에도 불구하고 다큐멘터리와 같은 느낌이 들 정도로 사실적이다. 특히 〈원더풀 라이프〉는 사후세계라고 하는 판타지 세계를 그리고 있음에도 시각적인 화법은 다큐적이어서 묘한 매력을 풍긴다. 다큐 PD 출신으로서의 장점이 잘 드러나는 영화이고,

고레에다 감독의 영화 미학을 가장 잘 보여 주는 작품이라는 생각이 들어 추천을 해 본다.

물론 고레에다 감독 영화의 최고 정점을 보기 위해서는 최근작을 보는 것이 좋다. 작가로서 그가 세상을 바라보는 관점이 가장 선명하고, 미학적으로 잘 드러난 작품은 내가 글을 쓰는 시점에서 가장 최근작인 〈어느 가족〉, 〈브로커〉, 〈괴물〉이라는 생각이 든다. 모든 사회에는 밝은 면과 어두운 면이 동시에 존재하기 마련인데, 고레에다 감독은 언제나 어두운 면에 집중을 한다. 아무런 낭만도 없고, 오히려 외면하고 싶은 현실에 감독은 카메라를 갖다 댄다. 영화의 기본적인 정서에는 따뜻함이 흐르지만, 반대로 굉장히 서늘하기도 하다. 이런 양면성이 그의 영화를 더 신선하게 만드는 지점이다. 아마도 냉혹한 현실을 소재로 하지만, 이를 바라보는 감독의 따뜻한 시선이 영화 속에 반영된 것이리라.

고레에다 히로카즈 영화에서 자주 나타나는 모티프는 사회로부터 버림받은 자들이 하나의 공동체를 이루어 살아가는 대안 가족 이야기이다. 그렇다고 해서 막연한 이상주의를 그리지는 않는다. 그 안에는 따뜻함과 서늘함이 공존한다. 칸 영화제에서 황금종려상을 받은 〈어느 가족〉은 사회에서 사람 취급도 받지 못하는 그늘 속에서 살아가지만 '인간다움'을 유지하려 노력하는 가족의 모습을 본다. 가족처럼 모여 있지만, 그들은 전혀 피로 연결되지 않았다. 하나같이 말 못 할 긴 사연을 가지고 있고, 상처로 인해서 이곳에 모여 살아간다. 풍족함과는 거리가 먼 삶이지만 그들에게는 나름 소소한 행복이 있고, 웃음이 넘쳐흐른다. 생계는 할머니가 받는 연금과 좀도둑질로 생활필수품을 보급한다. 아이들에게도 도둑질을 시키면서도 죄책감을 갖지 않는데, 그렇게 작은 물건을 훔치는 것은 상대에게 큰 피해는 되지 않다고 생각하기 때문이다. 어김없이 마트에서 물건들을 훔치고 온 날, 집 밖에서 추위에 떨고 있는 한 소녀를 만나 그 아이를 돕겠다는 마음에 집으로 데려온다. 아이는 폭력을 행사하는 실제 부모보다, 자신을 따뜻하게 대하는 새로운 가족이 마음에 드는지 조금씩 적응해 가고, 닫혔던 마음 문도 열게 된다. 하지만 그들의 선한 동기야 어떻든 타인의 시선에서 보면 그것은 납치인 셈이 된다. 왜냐하면 그 아이에게는 폭력적이지만 보호할 의무가 있는 부모가 존재하기 때문이다. 이 지점에서 아이러니가 생기고, 윤리적 딜레마가 생긴다. 집에서 보호받지 못하는 소녀를 보호하기 위해서 데려왔지만, 법적으로는 범죄에 해당한다. 이럴 때 어떻게 행동해야 하는가? 질문하게 된다.

이 가족은 이상적으로 보이지만, 결코 그렇지만은 않다. 도둑질을 하던 소년이 경찰에게 잡히면서 자신들의 처지도 위험에 처하게 되자 도망을 친다. 아이의 친부모처럼 되기를 원했지만, 위기의 순간에 아이를 책임지지 않는다. 때론 선한 것 같지만, 상황에 따라 악하게도 행동하는 인간의 양면성을 감독은 보여 준다.

고레에다 히로카즈가 만든 영화에 등장하는 인물들은 단순하지 않다. 히어로 영화처럼 명확한 선과 명확한 악이 대립하는 세계가 아니다. 그의 영화 속 인물들은 선과 악이 뒤섞여 있는 복잡한 인물들이다. 감독은 회색지대의 사람들에게 집중한다. 감독은 말한다.

"영화는 사람을 판가름하기 위해 있는 게 아니며 감독은 신도 재판관도 아닙니다. 악인을 등장시키면 이야기는 알기 쉬워질지 모르지만, 그렇게 하지 않았기에 오히려 관객들은 영화를 자신의 문제로서

영화 인문학 콘서트

일상으로까지 끌어들여 돌아갈 수 있게 되지 않을까요?"

현실 세계에서 절대적인 악으로 행동하는 사람은 소수의 범죄자들뿐이
고, 대부분은 상황에 따라서 선하게도 행동하고, 악하게도 행동한다. 우
리는 모두 선과 악이 그라데이션된 존재들이다. 영화 속 인물들이 그렇게
그려질 때, 관객들은 그 속에서 자신을 발견하게 되고 성찰하는 시간을
갖는다.

인간의 양면성을 가장 집요하게 잘 그린 영화가 그의 최근작 〈괴물〉이
다. 칸 영화제에서 각본상을 받기도 했다. 이 영화가 고레에다 감독의 이
전 영화와 차별성을 갖는데, 이전보다 훨씬 구조가 중요하고, 콘티뉴이티
가 치밀하다는 점이다. 먼저 제목에 대해 이야기하자면, 〈괴물〉이란 제목
은 하나의 맥거핀이자, 페이크fake이다. 제목을 보는 순간 관객들은 영화
속에 괴물이 나올 것을 기대한다. 마치 봉준호 감독의 영화 〈괴물〉처럼.
하지만 영화는 그런 관객들의 기대를 배반하고, 완전히 다른 방향으로 나
아간다. 괴물은 없다. 하지만 동시에 모두가 괴물이 될 수 있다며 의미를
확장한다.
영화는 크게 3개의 챕터로 나누어져 있다. 각 챕터는 불의 재난으로 시
작해서, 물의 재난으로 끝난다. 그것들이 동 시간대에 일어난 일이라는
것을 보여 주면서도, 재난은 그 자체로 상징성을 갖고 있기도 하다. 그것
은 일본 사회의 위태로움에 대한 상징이다.
챕터가 바뀔 때마다 이야기를 끌고 가는 인물이 변한다. 마치 3편의 단
편영화를 보는 것처럼 나름 완결성을 지니고 있다. 하지만 3편은 하나의

사건을 다양한 관점으로 바라보도록 연결되어 있고, 영화를 끝까지 보는 순간 관객들은 비로소 진실에 도달한다.

1장에서 주인공은 싱글 맘 사오리(안도 사쿠라)다. 그녀의 남편은 일찍 세상을 떠났고, 아들 미나토와 단둘이 산다. 어느 날 아들 미나토에게서 이상한 행동이 감지된다. 가위로 직접 머리를 잘라 집안을 더럽히기도 하고, 도시락 안에 흙이 잔뜩 담겨 있기도 하다. 하루는 학교에서 담임 선생님이 자신에게 **"너는 돼지 뇌로 이식을 했다."**라는 말을 들었다고 고백을 한다. 모욕을 느낀 사오리는 다음날 학교에 찾아가 사과를 받으려 한다. 그런데 학교가 인간적인 사과보다는 로봇처럼 매뉴얼적인 대처만 하는 것에 그녀는 더 화가 난다. 특히 교장선생님의 태도와 표정은 기이하게 느껴진다. 사오리는 교장과 선생님들에게 "당신들에게 마음이 존재하냐?"며 비난하지만, 교사들의 행동은 변하지 않는다. 심지어 호리 선생님은 걸스 바에 다닌다는 소문을 듣는다. 1부 만으로 보았을 때에는 관객은 엄마에게 감정이입을 하게 되고, 학교 교사들의 위선을 비판하는 영화라는 생각이 든다. 학부모와 교사의 갈등은 현실에서도 자주 일어나는 일이라 더 감정이입이 된다. 그런데 담임교사 호리 선생님은 오히려 사오리의 아들 미나토가 학교 폭력을 하고 있다는 말을 남긴다. 엄마는 미나토에게 괴롭힘을 당했다고 하는 요리의 집을 찾아가는데, 아이는 너무 해맑은 얼굴로 반갑게 맞아 준다. 사실 미나토와 요리는 유일한 절친이었다.

2장에서는 호리 선생님이 주인공이다. 그는 애인과 함께 시간을 보내는 것으로 시작된다. 그는 화재가 일어난 주변에서 반 아이들을 만나는데 아이들을 걱정을 해 주는 모습을 보인다. 그리고 집에서 애인과 대화를 할 때에도 순수하고 결코 나쁜 사람으로 보이지 않는다. 누가 시키지 않아도 책의 오타를 찾아내는 독특한 취미를 가지고 있기도 하다. 1장에서 사오리의 시선으로 호리 선생을 보았을 때에는 악으로 보였으나, 2장에서 호리 선생의 삶을 들여다보니 오해가 많았고, 오히려 순수하고 선한 면이 많다는 것을 알 수 있다. 심지어 학교에서 미나토를 때렸다고 한 소문도 미나토를 말리기 위해서 다가가다가 부딪힌 것이었고, **"너는 돼지 뇌로 이식을 했다."**는 말도 하지 않았음을 보여 준다. 모두 가짜 뉴스였고 오해였다. 카메라는 '1장'의 장면보다 몇 분 전을 보여 주거나 카메라가 다른 위치에 놓여지는데, 관객들은 새로운 진실을 마주하게 된다. 소설은 흉내낼 수 없는 가장 영화적인 표현이다.

호리 선생은 선한 면을 가진 인물이지만, 오해가 쌓여 결국 죄인으로 낙인찍히게 되고, 교사 자리에서 물러나게 된다. 그에게 잘못이 있다면 아이들의 세계를 겉으로만 보고, 미나토가 학교폭력 가해자라고 생각했다는 점이다. 자신도 오해를 받았지만, 동시에 남을 오해했다.

영화를 보면 등장하는 모든 인물이 **'피해자이자, 가해자'**라는 것을 알 수 있다. 선과 악이 뒤섞여 있는 인간의 본성을 그려 낸다. 사오리도 그렇고, 호리 선생도 그렇고, 미나토도 그렇고, 가장 약한 존재인 요리도 그렇다. 사오리는 좋은 엄마이지만 호리 선생을 오해하여 벼랑 끝으로 밀어낸다. 미나토는 요리에게 좋은 친구이자 배신자였고, 요리는 경찰 조사를 받는 과정에서 호리 선생님이 아이들을 괴롭힌다고 거짓말을 한다. 교장 선생님은 영혼이 없는 괴물 같았지만, 나중에는 아이와 진심으로 소통하는 모습을 보여 준다.

결국 호리 선생은 다양한 사람의 증언과 정황으로 교사직에서 물러나게 된다. 비밀이 있는 듯 묘한 뉘앙스를 풍기는 교장도 그를 지켜 주지 못한다. 상황은 그대로인데, 호리 선생이 책임을 짐으로써 모든 것이 평화로워졌다는 착각을 들게 한다. 기자들이 호리 선생의 집에 취재를 오자, 유일한 그의 편이라고 여겼던 여자 친구마저 떠난다. 결국 다음 날 언론에 호리 선생의 폭행과 폭언이 실리며 그는 사회적으로 매장을 당하게 된다. 언론의 현주소를 잘 보여 주는 장면이다. 사건의 내막을 자세히 들여다보지 않고, 몇 줄의 헤드라인으로 판단한다. 작은 오해가 쌓이고 쌓여 한 사람을 벼랑 끝으로 밀어 버리는 결과를 가져왔다.

3장에서는 앞에서 어른들의 시선으로만 보여졌던 미나토와 요리, 두 아이가 주인공이다. 어른의 세계에서 아이들의 세계로 시선이 바뀌며 영화의 톤은 더 밝아지고, 낭만적인 이미지로 그려진다. 3장에서 가장 큰 반전은 미나토와 요리는 서로 마음을 나눈 베스트 프렌드이고, 게다가 둘이 함께 아지트에 있을 때에는 학교에서는 볼 수 없었던 가장 해맑은 표정을 볼 수 있다는 점이다. 산속에 있는 둘만의 아지트 공간이 흥미로운데, 낡은 기차 칸이라는 점이다. 기차는 이 세계에 대한 메타포metaphor이다. 이 세계가 얼마나 낡고 부패했는지를 은유적으로 보여 준다. 하지만 그 안에서 살아가는 아이들의 세계는 정반대이다. 두 아이는 내부를 예쁘게 꾸미고, 예술적 공간으로 재창조를 한다. 둘만의 아지트 공간은 학교와 대비를 이루고 있다. 학교 공간이 경직되고, 폭력이 존재하는 공간이라면, 자연 속 아지트는 자유로움이 있고, 살아 있는 관계와 소통이 있는 공간이

다. 두 아이가 함께 게임을 하는 모습을 지켜보면 앞에서 아이들을 '괴물'
로 오해했던 시선을 반성하게 된다. 영화 속 어른들이 아이들의 세계를
오해했듯이 관객들도 마찬가지이다.

　고레에다 히로카즈 감독의 영화에는 늘 이렇게 어른들의 세계와 아이
들의 세계의 대비를 이룬다. 그의 영화 속에서 어른들보다 아이들의 세계
가 더 찬란하게 빛난다. 〈어느 가족〉에서 모순 가득한 가족의 생태계를
멈추기로 결정한 사람은 어린 소년이다. 동생에게까지 도둑질을 시켜야
하는 상황 속에서 어른들과 달리 그는 본능적인 죄책감을 갖게 된다. 그
래서 마트에서 도둑질 한 것을 일부러 들키고 잡히게 된다. 〈브로커〉에서
도 역시 어른들은 생계를 위해서 죄책감 없이 나쁜 일을 도모한다. 그런
어른들을 향한 아이의 시선을 영화는 강조한다. 〈괴물〉의 마지막 장면을
보면 감독이 아이들의 세계를 얼마나 응원을 하는지 볼 수 있다. 태풍으
로 집이 침수가 되는 난리 속에서 어른들은 위태롭게 서 있는 장면이 보
여진다. 류이치 사카모토의 '아쿠아aqua' 음악과 함께 펼쳐지는 태풍 장면
은 마치 신의 재앙처럼 느껴진다. 어른들이 태풍으로 고생을 할 동안 아
이들은 열차 속에 숨어 있는다. 그 다음 날 태풍이 사라지고 햇살이 다시
세상을 비춘다. 두 아이는 열차 밖으로 나와 신나게 웃으며 뛰어가는 장
면으로 영화가 끝이 난다. 그 장면이 판타지 장면처럼 찍혀 있어서 어떤
관객들은 아이들이 죽었고 천상의 세계에서 즐겁게 뛰노는 것이라고 생
각하기도 하지만, 아이들의 옷차림이 지저분한 것으로 보았을 때 현실 장
면으로 보는 게 더 자연스러워 보인다. 하지만 명확하지 않고 보는 이들
에 따라 다르게 해석할 수 있다. 태풍이 지나가고 아이들은 마치 새로운
인생을 살아가는 것처럼 신나게 달려가는 모습으로 영화는 끝난다. 결말

을 어떻게 해석하든 확실한 한 가지는 감독은 아이들의 세계를 축복하고 응원한다는 점이다.

　우리가 살아가는 현실은 복잡한데, 대부분의 영화는 선과 악의 이분법으로 단순하게 세계를 그린다. 하지만 고레에다 감독의 영화는 그보다 복잡한 현실을 영화 속에 반영한다. 영화 속 모든 인물이 피해자이자, 가해자다. 1장에서 그저 피해자라고 느꼈던 사오리는 아들의 증언 하나로 호리 선생을 오해해서 그를 실패사로 낙인찍는 데에 주도했다. 호리 선생은 학교에서 쫓겨난 피해자이지만, 동시에 미나토가 폭력적인 아이라고 오해했다. 미타노는 단짝 친구 요리를 교실에서 지켜 주지 못했다. 요리는 호리 선생이 착한 줄 알면서 폭력적이라고 거짓 고백을 했다. 영화에서 가장 신비적으로 보이는 교장 선생님은 감정이 없는 관료 조직 그 자체와 같은 인물 같지만, 마지막에 보면 미나토와 진심 어린 대화를 나눈다. 영화의 모든 인물은 때론 괴물 같지만, 때론 타인을 구원한다.

　영화를 보면서 우리는 인물을 바라보는 관점이 뒤집어지고, 결국 우리가 타인을 바라보는 태도를 성찰하게 된다. 수많은 드라마는 피해자의 시선으로 이야기를 끌고 가는 경우가 많아서 우리는 이분법의 오류에 빠지는 경우가 많다. 하지만 깊게 생각해 보면 그것이 얼마나 나이브한 생각이었는지를 깨닫게 된다. 영화는 서사 구조를 통해 우리가 타인을 바라보는 오해의 시선을 깨닫게 하고 한 단계 성숙한 관점으로 인간과 세상을 바라보도록 안내한다. 영화의 내러티브 구조가 그저 반전을 주기 위한 기법이 아닌, 삶의 진실을 깨닫는 과정의 구조를 가지고 있다는 것이 놀라웠다. 영화의 플롯이라고 하는 것이 그저 '구조로의 구조'가 아니라, 삶의 진실을 깨닫는 데 효과적인 방식이다. 영화의 미학과 주제가 맞물리며 관객들에게 감격스러운 영화적 체험을 경험하게 한다. 반짝 관심을 끌었다가, 금방 휘발되는 영화가 많은 시대에 〈괴물〉은 우리의 마음속에 오랜 시간 남아서 영화 속 세계와 내가 살고 있는 세계를 성찰하게 된다. 사실 우리들도 자신이 피해자라고 여기며 살아갈 때가 많은데, 사실 다른 곳에서는 가해자이기도 하지 않은가. 종종 자신이 지금 사는 게 힘든 이유에 대해서 늘 남 탓을 하는 사람을 보게 된다. 그런데 알고 보면 그 사람은 다른 곳에서 누구보다 악마 같은 행동을 하는 경우가 많다. 나이가 들어 세상을 알아 갈수록 선악의 경계는 점점 더 모호해지고 판단을 내리기가 어려워진다.

이 영화가 지금 시대에 너무 중요한 이유가 현대인들은 '혐오의 시대'를 살고 있기 때문이다. 현실 세계와 온라인 세계 둘 다 타인을 향한 혐오와 분노가 넘쳐난다. 계급 갈등, 젠더 갈등, 정치적 갈등, 종교 갈등, 업계 간의 갈등. 끝없이 나열할 수 있다. 타인이 자신에게 조금이라도 불이익을 주거나 의견 충돌이 일어나면 참지 못하고, 상대를 짓밟고 혐오의 발언을 서슴지 않는 것을 본다. 자신은 피해자이고 타인이 가해자라고 주장한다. 과거에 디지털 세상의 영역의 적을 때에는 그래도 갈등의 범위가 좁았는데, 디지털 기술이 발전하고 유튜브와 같은 소셜 미디어로 전 세계의 사람들이 이웃과도 같이 되면서 사람과 사람 사이의 다정함과 예의가 사라진 정글과도 같은 세상이 되어 버렸다. 이런 시대를 살아가는 현대인들에게 영화 〈괴물〉은 우리의 왜곡된 편견을 내려놓고, 타인을 더 이해하는 존재가 되기를 조언한다. 너무 쉽게 타인을 판단하고 혐오하는 것이 아니라, 다각도로 사람을 바라보고, 우리가 알지 못하는 좋은 면을 발견하려고 노력한다면 세상이 조금씩 나아질 수 있지 않을까. 우리의 뇌는 언제나 에너지를 덜 쓰는 방향을 택하기에 남을 쉽게 판단하고, 몇 개의 소문으로 낙인찍어 버리는 데에 익숙하다. 하지만 그런 편견은 위험하고 결국 언젠가는 자신에게도 해로 돌아온다. 타인도 똑같이 나 자신에게 편견을 가지고 대할 것이기 때문이다. 우리가 타인을 대할 때 너무 쉽게 단정 짓지 말고, 대화를 통해서 서로를 알아 가려는 열린 마음이 더 중요할 것이다. 타인에 대해 다 아는 것처럼 판단을 하는 태도를 멈추는 게 중요하다. 몇 마디 나누어 보고 상대에 대해 다 파악했다는 듯이 행동하는 사람이 너무 많다. 상대도 나와 같이 복잡한 내면을 가진 인물임을 기억하고, 그저 서로의 새로운 면을 발견하며 알아 가는 재미를 누릴 때 비로소 건강한 커뮤니케이션이 가능하다. 지금과 같이 사회적으로나 환경적으로 혼란스럽고 위태로운 시대에 혐오를 멈추고, 서로에게 관대함과 다정함이 필요하다. 고레에다 히로카즈 감독은 그런 삶에 대한 사려 깊은 태도를 영화 서사와 미학으로 표현해 낸 점이 탁월하고, 영화가 던지는 질문 역시 시의적절하다.

영화 인문학 콘서트

〈결혼 이야기〉를 통해 보는 이혼 이야기

"당신은 너무 이기적인 것에 익숙해서
이기적인 것조차 모르고 있어."

노아 바움백 감독의 〈결혼 이야기〉는 제목과 달리 이혼 이야기를 자세히 그리고 있다. 그리고 이 영화를 자세히 들여다보면 모든 관계 속에 나타나는 권력 관계의 모습이 담겨 있고, 요즘의 큰 이슈인 젠더 갈등도 담고 있어서 시의적절한 좋은 각본이라 할 수 있다. 스칼렛 요한슨 배우는 이 영화를 준비할 당시 실제로 이혼 소송 중이었다고 한다. 그런 경험이 묻어나서 그런지 진실한 연기를 보여 주었고, 잔잔하지만 묵직한 울림을 주는 영화가 되었다.

영화는 부부가 서로의 장점을 적은 편지 내레이션으로 시작한다. 찰리(아담 드라이버)와 니콜(스칼렛 요한슨)은 서로에 대해 너무 잘 알고 있고, 작은 습관까지도 섬세한 관찰이 담겨 감동이 있기도 하다. 하지만 알고 보니 두 사람은 이혼을 앞둔 상황에서 서로가 왜 좋아했고, 서로의 어떤 장점에 반해서 결혼했는지 돌아보기 위해 쓴 편지였다. 이 영화의 각본이 영리한 것이 이 지점에서도 보여진다. 짧은 시간 안에 관객들은 니콜과 찰리 부부 캐릭터를 이해하게 된다.

찰리는 주목받는 연극 연출가이고, 큰 규모의 시상식에서 수상도 하는 자수성가한 매력적인 남자이다. 그리고 LA에서 배우로 활동한 니콜은 결혼 후 찰리를 따라 뉴욕으로 이주하며 배우 활동을 잠시 접은 상태이다. 두 사람은 서로를 잘 알고, 진심으로 사랑했다. 게다가 극단 사람들의 부러움을 한 몸에 받는 부부였는데, 어쩌다가 파국에 이른 것일까? 영화는 이야기가 전개될수록 가려졌던 비늘이 한 꺼풀씩 벗겨지며 삶의 진실에 도달하게 된다. 일반적인 막장 드라마와 달리 니콜과 찰리 사이의 관계가 깨어진 이유는 극적이진 않다. 아주 사소한 균열로 시작되었는데, 그것을 보듬기를 미룬 결과 회복이 어려울 만큼 상처가 커지게 된 것이다.

니콜이 처음 속마음을 털어놓는 장면은 노라 변호사를 만나는 장면에서다. 노라 변호사는 스마트하면서 진심으로 고객에게 공감해 주는 사람이다. 니콜은 어느새 마음의 벽을 허물고 자신의 이야기를 꺼낸다. 비로소 관객들도 두 사람의 관계가 깨어진 이유를 알게 된다. 핵심은 그녀가 결혼 생활을 통해 점점 자신을 잃어 간다는 것이다. 니콜 자신도 잘나가는 배우였고 꿈이 있었는데, 결혼 후 모든 걸 내려놓고 남편 찰리를 서포트해 주는 삶을 살게 된다. 처음에 보람 있었지만 남편 찰리는 갈수록 승승장구하는 데에 비해 자신은 점점 초라해지게 된다. 심지어 남편은 자신을 전혀 인정해 주지 않고, 무조건 자신에게 맞추기를 원한다. 아내의 꿈을 위해 LA로 이사 가기로 약속했지만, 찰리는 약속을 지키지 않는다. 그 모든 서운함이 모아져 결국 니콜은 이혼을 선택하게 된다.

얼핏 보면 이혼 사유가 별것 아닌 것 같지만, 사실 중요하다. 어떤 관계든 평등하지 않고, 계속 한 명이 양보만 해야 유지되는 관계라면 오래 지속될 수 없다. 간혹 타인에게 의존하는 삶의 방식을 가진 사람이라면 그런 관계가 유지될 수 있겠지만, 주체적으로 살아온 사람이라면 어렵다.

니콜은 찰리 못지않게 승부욕이 강하고, 주도적이고, 꿈이 있는 인물이다. 영화는 부부 관계를 이야기하지만, 모든 관계의 본질과 맞닿아 있다. 친구 관계나 부모와 자식 간의 관계, 연인 관계, 직장 상사와의 관계도 마찬가지다. 타인을 독립된 인격체로 인정하지 않고, 아무런 선택권도 주지 않고 무시하는 태도를 보인다면, 그 관계는 건강한 관계로 발전할 수 없고 이별만이 해답이 될 것이다. 진정한 나를 찾기 위해선 독립이 불가피하다.

사실 찰리와 니콜은 변호사 없이 인간적으로 이혼을 처리하려 했으나, 니콜이 노라 변호사를 고용하게 되면서 찰리도 변호사를 찾아 나선다. 영화는 흥미롭게도 변호사 캐릭터의 대조를 통해서도 남녀의 차이를 드러내는데, 찰리가 만난 두 명의 변호사는 절반의 장점만을 가지고 있다. 처음 만난 변호사는 공감 능력은 전혀 없고, 어떻게든 상대를 악마화해서 승소하려고 한다. 노라 변호사가 니콜의 이야기를 들어 주는 것으로 시작한 것과 달리, 그는 자신이 얼마나 비싼지 돈 이야기 먼저 꺼낸다. 찰리라고 하는 한 인간에 대해서는 별 관심이 없어 보인다. 두 번째로 만난 변호사는 다정하고 공감하려는 태도를 보이는데, 대화를 하면 할수록 우유부단하고 정신이 오락가락하는 모습이다. 냉철함이 부족한 캐릭터다. 찰리는 처음에는 좋게 헤어지려 했으나, 그도 승부욕이 강한 사람이라 이겨야겠다는 생각이 들었는지 결국 비싸지만 공격력이 강한 처음 만난 변호사를 선임한다.

찰리(아담 드라이버)가 만난 두 변호사를 보면 한국의 대표적인 아버지상이 떠올라 보면서 웃음이 나온다. 저돌적이고 공격적인 아버지상과 인자하지만 실속이 부족한 아버지상. 두 가지를 다 갖추면 최상인데, 그런

중년의 어른을 만나는 게 생각보다 쉽지 않다. 그런데 노라 변호사는 두 가지 면을 다 갖추었다. 기본적으로 스마트하고, 때로는 친구처럼 다정하면서도, 필요할 때에는 과감하게 행동하기도 한다.

　예상대로 이혼 과정은 험난하다. 듣기로는 감독이 이 영화를 위한 각본을 쓰며 이혼 사례에 대한 리서치를 많이 했다고 한다. 그래서 마치 이혼 보고서 다큐처럼 느껴질 만큼 장면들이 생생하다. 자녀의 양육권을 위한 분쟁, 돈 문제, 사는 장소 문제 등 합의를 봐야 할 게 많다. 가장 충격적인 것은 이혼 과정에서 비용이 어마어마하게 든다는 점이다. 그리고 서로 이기기 위한 싸움은 점점 과열되어서 서로의 작은 실수도 크게 부풀려서 공격하게 되고, 진흙탕 싸움이 된다. 니콜과 찰리의 상처는 돌이킬 수 없을 만큼 커지게 된다. 결국 친구로 지내겠다는 본질은 사라지고, 오로지 자신이 유리한 쪽으로 이기기 위한 싸움이 된다. 니콜은 그 과정에서 유연한 태도를 보이고, 찰리와의 관계가 깨어지지 않길 바란다. 반면 찰리는 승부욕이 발동해서 이기는 것에 더 관심이 크다. 처음에는 양쪽 변호사와 동행해서 합의를 보려 하지만, 결국 법원까지 가게 된다. 법정 장면은 아이러니한데, 니콜과 찰리는 자신들의 일임에도 불구하고 말 한마디 하지 못하고, 양쪽의 변호사가 싸운다. 법적 시스템에 의존한 싸움은 편리하지만, 둘의 관계는 점점 더 악화되는 결과를 초래한다. 니콜은 이대로는 안 되겠다는 생각에 찰리와 단둘이 대화를 나눌 시간을 갖는다. 하지만 대화는 잘 풀리지 않고, 오히려 두 사람은 서로에게 저주를 퍼붓는 상황까지 온다. 찰리는 일에 있어서는 프로페셔널한 사람이었지만, 인간 대 인간으로서 공감하고 진실하게 대화를 나누는 일은 어색해하고 서투른 사람이었음이 드러난다. 니콜의 표현대로 하면, 찰리는 둘의 관계에서 이기적인 것에 익숙해서 자신이 이기적인 것조차 모르는 사람이다. 이 장면은 영화의 클라이맥스에 위치해 있고, 연기나 장면 연출적인 면에서도 공들여 찍은 장면으로 느껴진다.

영화의 주제에 대하여 노라 변호사가 대사로 직접 말하는 장면이 있는데 곱씹어 볼 만하다. 이 대사는 우리 시대의 젠더 문제에 대해서 고민거리를 던져 준다.

> *"아빠는 부족해도 그런가 보다 하죠.*
> *솔직히 좋은 아빠라는 개념도 불과 30년 전에 나왔어요.*
> *아빠들은 자식들에게 말도 안 하고, 못 미덥고,*
> *이기적인 존재였죠. 아빠는 실수투성이라 사랑하죠.*
> *하지만 엄마가 그런다면 다들 들고 일어나죠. 구조적으로도*
> *심리적으로도 받아들이지 않죠."*

물론 지금은 과거에 비해 여성이 차지하는 위치가 달라진 건 사실이다. 그러나 여전히 과거의 관습에 머물러 있는 경우도 많다. 세대나 그룹의 특징에 따라 모습이 너무 달라서 사실 하나로 싸잡아 말하기는 어렵다. 또 찰리와 니콜의 관계처럼 불평등이란 것이 아주 미묘하기 때문에 알아차리기 어려울 때도 많다. 이혼 과정에서 두 사람의 관계는 유리 조각처럼 깨어졌지만, 이 과정을 통해서 당연하다고 여겼던 것들 속에 불평등이 곳곳에 자리 잡고 있었다는 것을 깨닫게 된다. 찰리도 이혼 과정에서는 승부에 집착하느라 성찰을 못 했지만 뒤늦게 깨달았을 것이다. 성찰의 능력이 없는 사람은 늘 깨달음이 늦고, 나중에는 더 큰 마음의 상처를 입게 된다. 이기적인 사람은 지금의 싸움에선 목소리가 크지만, 나중에는 먼저 무너지게 된다.

실제로 니콜과 찰리 중 이혼 후에 더 잘 지내는 사람은 니콜이다. 이를 보여 주는 상징적인 장면이 중간에 나타나는데, 찰리는 아들에게 칼 묘기를 보여 주다가 팔에 피가 철철 흐를 정도로 상처가 나서 바닥에 쓰러진다. 그런데 그 다음 씬에서 밝은 표정으로 서서 노래를 부르는 니콜의 얼굴로 연결이 된다. '쓰러짐'과 '서 있음'의 대비를 보여 준다.

결말에서 역시 니콜의 선택이 틀리지 않았음을 보여 준다. 그녀는 새로운 남자를 만났고, 또 배우를 넘어서 감독으로 데뷔를 해서 성과를 낸다. 감독이 되었다는 건 그녀가 가능성이 있는 아티스트였는지를 증명함과 동시에 자신의 삶을 더 주체적으로 살게 되었다는 은유도 담고 있다. 게다가 자신을 인정해 주지 않았던 찰리를 다시 만났을 때에도 그를 여전히 배려하는 따뜻한 마음도 가지고 있다. 그녀는 승부보다 관계를 우선시한다. 마지막에 니콜이 찰리의 풀린 운동화 끈을 묶어 주는 장면은 그녀가 어떤 인물인지를 잘 보여 주는 멋진 엔딩이다.

영화는 편지를 읽는 장면으로 시작해서 편지를 읽는 장면으로 끝나는 수미상관 구조를 가지고 있다. 영화가 시작할 때 읽지 않았던 니콜의 편지를 마지막에 글자 읽는 연습을 하는 아들의 입으로 읽혀진다. 그때 찰리의 표정은 만감이 교차하고는 듯하고, 이는 고스란히 관객들에게 전달된다.

이 영화는 현대인들의 '젠더 감수성'을 키워 주는 아주 좋은 텍스트라 생각된다. 영화는 남녀 갈등을 부추기는 것이 아니라, 서로를 공감하고 이해하는 성숙한 경지로 우리를 이끈다.

영화 인문학 콘서트

〈그녀〉, 인공지능을 사랑하게 된 남자

"진짜 감정을 감당하지 못한다는 게 짠하네."

영화는 종종 미래의 모습을 예견하는 예언자의 역할을 한다. 영화가 꿈을 꾸면 현실이 닮아 간다. 아마도 미래 기획자들과 과학자들 역시도 영화를 보며 미래를 상상하기 때문일 것이다. 어쩌면 SF 작가들이 과학자보다 더 훌륭한 미래 전문가이다.

수많은 좋은 SF 영화가 있지만, 가장 조만간 실현될 것 같은, 그래서 낯설지 않고, 멀지 않은 근 미래의 모습을 거울처럼 보여 주는 영화가 스파이크 존즈 감독의 〈그녀〉가 아닐까 싶다. 개봉 당시에도 화제였는데, 인공지능의 담론이 커진 이후 이 영화에 대한 관심도 다시 커지게 되었다. 심지어 최근 인공지능이 발전하는 풍경을 보면 과학자들이 이 영화를 참고하는 것처럼 느껴진다. 과거에 스필버그 감독의 걸작 〈에이 아이〉라는 영화도 있지만 그 영화는 종말론적인 미래의 풍경을 그리고 있다면, 스파이크 존즈의 영화가 그리는 미래 모습은 손에 잡힐 만큼 가깝게 느껴진다.

영화의 스토리를 한마디로 정리하면, **한 남자가 아내 대신 인공지능 OS와 사랑에 빠지는 이야기**다. 영화는 정확한 연도를 제시하기보다는 근 미래의 설정으로 되어 있다. 인공지능이 일상 곳곳에 자리 잡은 세계다. 주인공 테오도르(호아킨 피닉스 역)는 대필 편지를 써 주는 직업을 가지고 있는데, 말을 하면 자동으로 편지가 써지는 시스템이다. 인공지능과

구술 커뮤니케이션이 가능하다는 점이 흥미로운 설정이다. 아이러니한 것은 그는 타인의 관계를 회복시켜 주는 일을 하면서 정작 자신은 아내와 이혼을 앞둔 상황이란 것이다. 그는 일이 끝나면 공허함 속에 하루하루를 살아가고, 게임을 즐기거나 자극적인 사진과 폰섹스로 외로운 밤을 홀로 이겨 낸다. 영화에서 '외로움'의 정서가 유난히 강조되는데, 디지털 시대에 피할 수 없는 징조다. 커뮤니케이션 도구인 디지털 기술이 발전할수록 사람과 사람 사이의 소통은 점점 더 어려워지는 아이러니 속에서 살게 되기 때문이다. 그것은 우리의 삶을 편리하게 하지만, 반대로 인간성을 무너트리는 잠재성을 가지고 있다.

이 영화의 가장 매력적인 부분은 미래의 스펙터클을 묘사하는 CG에 집중하기보다는 인공지능과 함께하는 한 남자의 삶을 아주 구체적이고 리얼하게 그리고 있다는 점이다. 물론 제작비 문제도 있겠으나, 환경보다 사람에 더 집중함으로써 기존의 SF 영화와의 차별성을 지니고, 서사에 더 집중함으로써 클래식한 걸작이 탄생하게 되었다.

주인공 테오도르는 퇴근길에 우연히 인공지능 서비스 광고를 보게 되고 집에서 실행을 시킨다. 처음에는 크게 기대하지 않고 거리를 두는 모습이나, 인공지능 사만다와 대화를 하며 점점 빠져들어 가는 모습을 보인다.

인공지능은 그에게 친구이자 연인이 되어 많은 대화를 나누고, 심지어 회사에서는 업무 보조 역할까지 척척 해낸다. 사만다는 그 누구보다 테오도르의 좋은 대화 상대가 된다. 의견이 다르다고 화를 내는 일도 없고, 속이기 위한 계산을 하지도 않는다. 스몰토크와 지적인 대화 모두 가능하고, 적절한 유머 감각으로 기분을 전환시켜 주는 대화의 기술도 소유하고 있다. 테오도르는 사만다로 인해 일상의 활력을 찾게 되고, 표정도 처음과 달리 행복한 미소가 가득하다. 인공지능 목소리를 스칼렛 요한슨 배우가 연기함으로써 다양한 감정이 담긴 목소리를 들려주는데, 사실 현실의 기술로는 쉽지 않지만 영화의 매력과 몰입도를 높이는 데에는 훌륭한 캐스팅이다.

영화가 나올 때만해도 인공지능에 대한 테마는 가깝게 느껴지지 않았다. 영화 속에나 나오는 먼 미래의 이야기로 여겨졌다. 관객들에게도 낯설었는지 당시에는 큰 흥행을 못하기도 했다. 그러나 최근 챗GPT의 등장으로 상황은 완전히 달라졌다. 영화 속에서나 볼 수 있었던 자연어로 소통할 수 있는 인공지능이 탄생한 것이다. 채팅으로 소통하는 것이지만 영화처럼 인공지능과 대화가 된다. 말투가 딱딱하긴 하지만 지식 공유는 물론이고, 삶의 다양한 주제로 대화가 가능한 것만으로 큰 성과다. 과학자들도 이런 훌륭한 인공지능이 일찍 나온 것에 대해서 당황하고 놀라는 분위기이고 "불현듯 찾아온 능력"이라고 표현을 한다. 인공지능이 놀라운 능력을 가지고 있는데, 정확하게 그것이 어떻게 구현되는지 완전히 알지는 못하는 것이다. 비록 문자 언어로 소통을 해야 하는 한계는 있지만, 영화처럼 대화가 가능한 것이 신기한지 챗GPT가 사람들에게 받아들여지는 속도는 굉장히 빨랐다. 통계에 의하면 소셜 미디어가 받아들여지는 속도보다 빠르다고 한다.

챗GPT와는 철학적인 깊은 대화도 가능하면서도 일상에 유용한 정보, 법률 자문, 업무 이메일 쓰기, 영문 번역 등 실용적인 활용도가 높다 보니 더 빠르게 발전되고 기업에서도 다양하게 활용되고 있다. 한편으로는 이 기술에 환영하면서도, 우려의 목소리도 큰 상태이다.

인공지능이 등장하며 우리의 선입견을 깨는 가장 충격적인 것은 AI가

예술의 영역까지도 대체하고 있다는 점이다. 과거에 인공지능 교육에서는 예술가는 가장 대체되기 어렵다는 통계가 있었다. 창의적인 일이기 때문이다. 그런데 그건 인간의 착각이었다. 예술도 결국 어느 정도 문법 위에서 이루어지고, 이전 작품의 레퍼런스를 바탕으로 변주되는 것이기 때문이다. 그래서 현재 인공지능이 그리는 일러스트 디자인의 퀄리티는 엄청나고, 노래를 작곡하기도 하고, 심지어 소설이나 시나리오까지도 쓴다. 최근 할리우드 작가들이 파업을 하는 일도 있었다. 인간이 인공지능과의 싸움에서 이길 수 없는 이유는 AI가 레퍼런스로 삼는 데이터는 양이 엄청나게 방대하기 때문이다. 한 인간의 인생으로 공부하기는 어려운 많은 양을 인공지능은 몇 초 만에 학습한다. 디지털 속의 모든 데이터들을 활용하는 인공지능의 가능성은 그야말로 무궁무진하고 인간을 두렵게 만드는 지경까지 오게 되었다. 할리우드에서 작가들이 인공지능이 쓴 시놉시스를 발전시키는 일을 거부한다며 파업을 시도했다. 지금이 어떤 시대인지를 생각하게 만드는 충격적 사건이었다. 미술 분야도 마찬가지다. 인공지능과 협업을 통해 만들어 낸 미술 작품의 퀄리티는 모두를 놀라게 한다. 인공지능은 양날의 검이다. 우리의 삶의 편리성을 증대시켜 주면서, 동시에 인간을 위협한다. 기술의 발전이 과연 인간의 삶을 윤택하게 하는 것일까? 더 중요한 것을 잃게 되는 건 아닐까?

다시 영화로 돌아와서 〈그녀her〉는 인공지능의 비즈니스적 활용보다는 인간과의 관계를 더 집중해서 그린다. 테오도르와 사만다의 사랑에 집중한다. 사실 이 영화는 멜로드라마의 서사 구조를 따르기도 한다. 마치 일반적인 남녀가 만나 사랑과 이별을 하는 것처럼 이 영화는 인간과 인공지

영화 인문학 콘서트

능과의 사랑과 이별을 진지하게 그려 낸다. 그리고 영화는 "과연 이것도 사랑인가?"라고 관객들에게 질문을 던진다. 주인공 테오도르는 이것도 사랑이라고 믿는다. 그녀(사만다)로 인해 그의 삶의 변화되었고, 사랑의 감정을 스스로 느꼈기 때문이다. 그러나 그와 이혼한 아내(루니 마라 역)는 그것은 진짜 사랑이 아니라고 충고한다. 그저 '회피'라고 조언한다. 두 사람이 이혼 사인을 하기 위해 만난 자리에서 언쟁을 높이며 다투는 장면은 이 영화의 핵심적인 가치 충돌을 보여 주는 중요한 장면이다.

이 영화의 뛰어난 점은 어느 한 관점에 완전히 편들지 않는다는 점이다. 인공지능을 대하는 두 관점을 팽팽하게 대립시키고, 둘 다 어느 정도 이해 가능하도록 이야기가 전개된다. 테오도르의 주장도 어느 정도 납득이 되지만, 아내의 의견도 충분히 귀 기울여야 할 의견이다. 영화는 인간과 인공지능의 연인 관계를 표현함에 있어 정점을 보여 주는데, 그 지점이 이 영화의 가장 창의적인 부분이다.

특히 인상 깊은 장면은 둘이 같이 사진을 찍는 장면이다. 사만다는 육체가 없는데, 어떻게 사진을 찍을까? 그녀(AI)는 작곡한 곡을 들려주며, **"이 곡을 사진 하자구."** 이야기한다. 그러자 테오도르는 **"이 곡 안에 너가 보여."** 라고 이야기한다. 청각과 시각의 경계를 무너뜨리는 영화적으로 좋은 장면이면서, 두 사람이 육체적 스킨십이 없이 교감을 나누는 명장면이다. 영화는 인공지능의 이야기를 넘어서 예술의 본질을 탐구하는 면이 담겨 있다.

이후에 더 흥미로운 장면이 나오는데, 그녀(사만다)는 정신적 사랑에 만족하지 못하고, 육체적 사랑을 시도하는 장면이다. 영화는 그 부분을 낭만적으로 그리지만, 잘 생각해 보면 '섹스 대행 서비스'라고 볼 수 있다.

테오도르와 대화를 나누는 주체는 사만다(AI)이지만, 섹스를 나누는 육체는 처음 보는 여자이다. 이 장면은 저급한 서비스로 보이지만, 반대로 성스럽게 느껴지기도 하다. 그 이유는 신이 육체의 몸을 입고 인간과 소통하는 '성육신 사건' 메타포metaphor가 담겨 있기 때문이다. 사실 영화 속에서 사만다의 존재는 신의 메타포를 계속 드러낸다. 대표적인 이미지가 '채광의 이미지'와 그녀의 목소리를 오버랩시킨다는 점이다. 테오도르가 그녀와 대화를 나눌 때 언제나 아름다운 채광이 그를 감싼다. 이런 설정이 과장이 아닌 것이, 기술이 점점 신의 사리를 빼앗으려 하고 있기 때문이다. 기술은 초기에는 그저 편리한 도구에 불과하지만, 어느새 인간의 환경이 되었고, 이제는 인간을 지배하는 신의 자리까지 노리고 있다. 기술의 발전을 무작정 환호하기보다는 비판적인 성찰이 필요한 이유가 여기에 있다. 기술은 우리에게 편리함을 제공하면서 서서히 자신을 의지하게 만들고, 결국 인간을 지배하게 된다.

영화는 인공지능과 인간의 사랑이 이루어질 수 없는 아이러니를 마지막에 보여 준다. 그녀(사만다)는 테오도르뿐 아니라, 수천 명과 동시에 대화를 나누고, 수백 명을 동시에 사랑한다고 고백한다. 인간으로서는 말도 안 되는 일이지만, 그녀는 신에 가깝다. 사만다는 말한다. 자신은 수많은 사람을 동시에 사랑해도 그 사랑의 깊이가 얕아지지는 않는다. 즉 인간처럼 한계가 없다는 말이다. 옆을 둘러보니 사람들이 다 폰을 보면서 대화를 나누고 있다. 테오도르는 비로소 인공지능과의 사랑이 부질없다는 것을 깨닫는다. '결국 인간의 공허함을 진정으로 채워 주는 것은 옆에 있는 사람이 아닐까?'라고 말해 주는 것 같다.

테오도르의 직업은 대필 편지를 쓰는 작가였다. 늘 다른 사람들의 관계를 회복시켜 주는 일을 하면서 정작 자신은 깨어진 관계를 방치했다. 그러나 마지막에 비로소 그는 아내에게 편지를 쓴다. 그리고 그의 옆에는 한 명의 친구가 있다. 그렇게 그는 한 걸음 성장하게 된다.

영화는 최첨단의 인공지능 시대의 이야기를 하고 있지만, 지금 우리 시대의 삶과 무관하지는 않아 보인다. 스마트폰과 소셜 미디어가 발전하고, 인공지능이 등장하는 시대에 현대인들은 사람과의 소통보다 디지털 기기와의 소통 시간이 지나치게 많아지고 있기 때문이다. 영화 속 주인공처럼 디지털 기기를 이성으로 사랑하지는 않겠지만, 사랑과 다를 바 없을 만큼 미디어에 많은 것을 기대고 의존한다. 과거에는 궁금한 게 있으면 누군가에게 전화를 했다면, 유튜브에는 모든 분야의 수많은 전문가들이 친절하게 조언을 해 주고 멘토의 역할을 자청한다. 검색만 잘하면 못 얻을 정보가 없다. 오히려 정보 과부하의 시대라고 보는 게 낫다. 관계에 있어서 사람에게 기대는 면이 점점 약해지고 있다. 스마트폰 앱은 점점 발달해서 가만히 앉아서 모든 서비스를 받을 수 있도록 만들었다. 인공지능 서비스는 손쉽게 전문가적인 조언을 얻는 것도 가능해졌다. 모든 것이 우리를 편리하게 만들고, 가성비가 높은 방향으로 발전하니 거부할 수 없는 기술이다. 그렇다면 기술이 덜 발전한 시대보다 우리의 삶은 더 풍요로워졌는가?

아이러니하게도 점점 사람들은 영화 속 주인공처럼 내면은 공허해지고 외로움을 느낀다. 사람과의 진정한 소통을 어려워한다. 어른들은 어른대로, 젊은 세대는 젊은 세대대로 외로움 속에 살아간다. 최근 노인의 문제로만 여겨졌던 외로움의 문제가 20대 젊은이들 사이에도 팽배하고 있음이 통계에서 드러나고 있다. 디지털 환경 속에서 자라난 영향도 있을 것이고, 지나치게 경쟁 시스템 속에서 살아온 탓이다. 옆 사람과 진심으로 마음을 나누는 법을 잊은 사람들이 많다. 이런 외로움을 극복하기 위해 또다시 인공지능에 의존해야 한다면 인간과 로봇의 관계가 주객이 전도된 꼴이 될 것이다. 인간이 주체적으로 로봇을 이용해야 하는데, 그것에 기대고 의존하게 된다면 행복한 미래라고 말하기는 어렵다. 사람에게 상처받기 싫어 인공지능에게 더 의존한다면 잠시는 즐거울 수 있으나, 인간이 건강하게 성장하는 것을 막는 지름길이다.

　반대로 인공지능이 인간에게 가져온 유익도 많다. 특히나 과거에 비효율적인 업무처리 방식들이 좀 더 가성비 있고 합리적으로 처리하는 것이 가능해졌다. 이제는 1인 기업도 인공지능과 함께 브레인스토밍 대화를 하며 마치 여러 명의 직원들과 함께 회의하는 것과 같은 성과를 낼 수도 있다. 가령, 기업 상품 광고에 들어갈 문구를 정한다고 해 보자. 챗GPT에게 물으면 수십 개, 혹은 수백 개의 샘플을 몇 초 만에 얻을 수 있다. 심지어 글을 잘 못 써도 인공지능을 활용해서 블로그 운영을 할 수 있고 간단한 일러스트 작업은 그림을 못 그려도 인공지능을 활용해서 결과물을 만들어 낼 수 있다. 영화에서 테오도르가 사만다의 도움으로 업무를 효율적으로 운영하는 모습과 현실이 크게 다르지 않다. 앞으로는 파워포인트나 간단한 영상 작업도 인공지능이 대신해 주는 것은 크게 어렵지 않을 것이다. 그렇다고 모든 사람이 다 인공지능을 잘 활용할 수 있는 것은 아니다. 인공지능을 잘 활용할 수 있는 '프롬프트 능력'을 키우는 일이 중요하다. 새로운 디지털 기술을 활용할 수 있는 '디지털 리터러시 능력'이 필요한 것이다. 그러나 이런 '프롬프트 능력'을 키우기 위해선 단순히 공학적이고 엔지니어적인 접근이 필요한 것은 아니다. 오히려 반대로 가장 인간 고유의 능력인 인문학적 성찰과 스스로 비전을 설계하는 능력과 질문하는 사고능력, 메타인지 능력, 창의력 등이 요구된다. 이런 지혜를 갖출 때 인간이 스스로 주체가 되고 현명하게 인공지능을 활용할 수 있다. 그러므로 변하는 것에 주목함과 동시에 변하지 않는 것에 대한 교육도 게으르게 하면 안 된다. 질문에 따라서 다른 퀄리티의 결과물을 얻어 낼 수 있는데, 그 질문의 능력이란 것이 결국은 인문학적 소양과 연결된다.

다가올 미래가 인공지능의 시대가 되는 것은 필연적이라 생각이 들고, 영화처럼 사랑의 감정까지 느끼는 일은 없겠지만, 인공지능을 인간의 파트너로 잘 활용해야 하는 지혜는 필요할 것이다. 그리고 무엇보다 우리는 사람 때문에 상처를 받기도 하지만, 우리가 위로를 얻고 행복을 느낄 수 있는 힘도 역시 인간에게서 온다는 것을 잊지 말아야 할 것이다.

〈위플래쉬〉, 꿈은 아름다운가? 사악한가?

"난 너희들이 한계를 넘어서는 걸 보고 싶었어."

꿈을 이루어 가는 10대들의 이야기는 영화에서 단골 소재다. 재능은 있지만 꿈을 펼칠 기회가 없는 주인공이 멘토와 같은 교사를 만나서 성장하고, 백조처럼 날게 되는 이야기는 큰 감동을 준다. 스티븐 달드리 감독의 〈빌리 엘리어트〉가 대표적이다. 이 영화를 인생 영화로 꼽는 사람은 많을 것이다. 영화뿐 아니라, 방송 프로그램에서도 이런 소재는 자주 등장한다. 오디션 프로그램이 그렇다. 전국 각지에서 노래에 재능이 있는 사람들이 모여서 실력을 겨룬다. 프로그램의 심사위원은 참가자의 꿈을 이루어 주는 신과 같은 존재다. 그들은 멘토 역할도 하면서 참가자들의 성장을 도와 멋진 공연을 펼치게 된다. 영화 서사와 유사하다.

이런 영화와 방송 프로그램을 볼 때면 꿈을 꾼다는 것은 아름답고, 성장하는 과정이 가슴 벅차기까지 하다. 그런데 이런 아름다운 성장 영화와는 결이 다른 메시지를 주는 한 편의 영화를 소개하려 한다. 바로 〈위플래쉬〉다.

주인공 앤드류는 드러머이고 열정이 남다르다. 그는 뉴욕의 명문 음악학교에서 최고의 밴드에 들어가는 기회를 얻는다. 그 밴드에는 최고의 지휘자이면서 동시에 폭군인 플래처 교수가 있다. 그는 빈틈을 보이지 않는 완벽주의자다. 강력한 카리스마로 밴드를 이끌고, 약간의 실수도 용납하지 않아 밴드 연습 시간은 매번 전쟁과 같다. 플래쳐 교수는 누군가 실수를 할 때면 폭언과 폭력도 서슴치 않는다. 그는 앤드류가 홀로 드럼 연습에 매진하는 것을 좋게 보았는지 자신의 밴드부에 들어오라고 기회를 준다. 그런데 앤드류가 첫날부터 연습이 만만치 않다. 드럼 박자가 0.1초라도 어긋나면 참지않고 세게 다그치고 몰아붙인다. 그도 나름의 교육철학이 있다. 지휘자가 던지는 심벌이 없었다면 최고의 연주자 찰리파커도 탄생하기 어려웠을 거라고 그는 말한다. 플래쳐 교수가 늘 하는 말은 "내 템포에 맞춰."이다. 자신의 템포에서 약간이라도 틀리는 걸 참지 못한다. 앤드류는 드럼에 대한 열정이 크기에 플래쳐 교수의 인정을 받기 위해서 피나는 연습을 한다. 다행히도 밴드에 들어간 이후 첫 경연대회에서 1등을 함으로써 어느 정도 인정받는다. 그리고 앤드류는 자주 가는 극장 알바생과 사랑의 꽃을 피운다.

하지만 행복도 잠시 플래쳐 교수는 그런 앤드류를 더 잔혹한 경쟁 시스템 속으로 밀어 넣는다. 안주하지 못하도록 경쟁자를 붙인다. 앤드류는 그 안에서 생존하기 위해 몸부림치고, 결국 앤드류의 집착과 광기는 점점 커지게 된다. 여자 친구와도 결별을 선언하고 손에 피가 나도록 드럼 연습에 올인 한다.

중요한 경연대회 날 앤드류는 가는 길에 교통사고가 난다. 그런 와중에 그는 포기하지 않고 피를 흘리면서도 겨우 공연장에 도착하게 된다. 일반적인 영화라면 여기서 주인공이 멋지게 공연을 펼쳐 보일 테지만, 이 영화는 관객의 기대를 저버린다. 그는 과욕을 부리다가 결국 공연을 망친다. 밴드부 최초로 공연을 중간에 멈추는 사태가 벌어진다.

이 사건을 시작으로 여러 학생들이 플래쳐 교수의 잔혹한 교육방식을 문제로 제기하여 결국 플래쳐 교수는 학교에서 쫓겨나고, 앤드류도 음악을 그만둔다. 한참 시간이 지나 앤드류는 어느 공연바bar에서 플래쳐 교수를 우연히 만나게 되고 두 사람은 오랜만에 같이 공연할 기회를 갖게 된다. 그리고 앤드류는 그 공연에서 최고의 드럼 연주를 선보인다.

영화를 단순하게 보면 메시지가 선명한 듯하지만, 곱씹어 볼수록 심오하고, 선과 악을 함부로 판단하기가 쉽지 않다. 플래쳐 교수는 영화에서 악당처럼 보이지만, 반대로 밴드가 한계를 넘어서는 경지에 이르도록 이끄는 최고의 지휘자이기도 하기 때문이다. 플래쳐 교수는 앤드류가 최고의 드러머라는 꿈을 이룰 수 있도록 도우려는 마음도 분명 있었다. 하지만 강도가 너무 심해 연습 중에 악마로 돌변하여 심벌을 집어던지고 폭언을 한다. 자신의 템포를 맞추라며 비트에 맞게 따귀를 때리는 장면은 플래쳐 교수의 사악함이 드러나는 장면이다. 그의 교육법은 좋은 결과를 만들어 내기도 하지만, 마음이 약한 학생에게는 평생의 트라우마로 남는다. 교육관이 이 영화의 주제는 아니지만, 그래도 다양한 생각을 하게 만든다. 교사는 학생을 어떻게 대해야 하는가? 학생의 성장을 위해 가혹함은 어느 정도까지 허용되어야 하는가? 무조건 칭찬만 하는 게 과연 좋은 교사인가?

플래쳐 교수는 이 세상에서 가장 제일 쓸데없고 해로운 말이 **"그 정도면 잘했어."**라고 말한다. 그런 방식으로는 최고의 연주자를 양성할 수 없기 때문이다. 어느 분야든 최고의 경지에 오른 사람들을 보면 약간은 가혹하게 보이는 멘토나 교사가 옆에 있기도 했다.

이것이 딜레마다. 언제나 좋은 영화에는 딜레마가 있다. 어느 쪽이 더 좋은지를 쉽게 판단하기 어렵다. 영화 역시도 무엇이 더 옳다고 정답을 주기보다는 관객들이 스스로 생각하도록 열어 놓는다. 한국처럼 경쟁이 심한 사회에서는 학부모나 교사 중에 플레처 교수의 편에 서는 이들도 꽤 많다. 적당히 해서는 아무 성장도 없을 수 있기 때문이다. 강하게 이끌어 주는 교사를 원하는 학부모가 많다. 엄청난 시청률을 기록했던 드라마 〈스카이 캐슬〉의 인기는 우리 사회의 욕망을 거울처럼 보여 준다. 내 생각에 자본주의 시대에 꿈이라는 게 너무 사악하게 느껴진다. 꿈은 순수하게 추구될 때 아름답기도 하지만, 미디어에 의해서 너무 과하게 포장되었다. 미디어는 '꿈'이라는 추상적 개념을 구체적인 이미지로 표현하고, 극적인 효과를 내야 하다 보니 진실을 은폐하게 된다. 겉은 화려하고 매혹적으로 보이지만, 민낯은 추악하다. 인기 방송 프로그램인 오디션 프로그램을 생각해 보면 어린 참가자들이 무대 위에서는 꿈을 이루어 가는 과정을 드라마처럼 그린다. 심사위원은 의도적으로 참가자들의 경쟁을 부추긴다. 그런 상황에서 참가자들은 경연이 삶의 전부이고, 지게 되면 인생이 끝이라고 생각한다. 하지만 조금만 거리를 두고 생각해 보면 꼭 그렇지 않다. 실제로 오디션 프로그램에서 가장 주목받았던 이들이 그 이후에 더 힘든 삶을 사는 것을 많이 본다. 순수한 이들일수록 가혹한 어른들이 만든 시스템 안에서 조종당할 확률이 크다. 인정받고 싶어 하는 마음 때문이다. 앤드류 역시도 플레처 교수에게 인정받는 것이 삶의 전부라고 생각한 순수한 아이였기에, 모든 것을 걸고 따라가다가 나중에 더 큰 상처를 받게 된다. 그 가운데 삶에서 더 소중한 가치를 놓치게 된다. 이 영화를 보면 꿈이 그리 아름답지 않아 보인다. 심지어 '꼭 꿈을 이루어야 하는가?'

라는 근원적인 질문을 하게 된다.

　사실 이 꿈에 대한 주제는 데이미언 셔젤 감독이 영화를 만들면서 지속적으로 던지는 질문이다. 〈위플래쉬〉 이후 〈라라랜드〉나 〈퍼스트맨〉, 그리고 최근작 〈바빌론〉까지 감독은 꿈의 빛과 그림자에 대해서 집요하게 탐구한다. 미디어에서는 꿈을 아름답게 포장하지만, 민낯을 보면 그것이 얼마나 사악하고 모순이 가득할 수 있는지를 들추어낸다. 특히 〈퍼스트맨〉은 크리스토퍼 놀란 감독이 칭찬할 정도로 인상 깊은데, 언론은 닐 암스트롱이 달 착륙에 성공을 한 것을 굉장한 성취라고 떠들어대고 축제 분위기에 빠져 있는데, 정작 달에는 공허함만이 있는 아이러니를 영화는 잘 그려 낸다. 그는 그토록 원했던 달에 도착했지만, 적막한 공간에 그저 혼자 있을 뿐이고, 이 일을 위해 수많은 예산을 쏟아붓고, 훈련 과정에서 수많은 동료가 죽은 것에 대한 허탈함만 있을 뿐이다. 미국의 달의 꿈을 이루어 가는 동안 가난한 흑인들은 먹을 게 없어 굶주리고 있는 아이러니를 영화는 교차 편집을 통해 보여 주어 다양한 성찰을 불러일으킨다. 데이미언 셔젤 영화에서 유난히 호불호가 컸던 〈바빌론〉에서는 할리우드 영화 산업 초기의 빛과 그림자를 적나라하게 그린다. 할리우드를 성서의 바빌론으로 은유한 것 자체가 감독의 비판적 의식이 담겨 있다. 꿈을 이루기 위해 할리우드에 입성한 주인공 청년은 영화의 매혹에 빠지기도 하지만, 그 이면의 추악함을 보면서 윤리적 딜레마에 빠진다. 완성된 영화는 관객에게 신비감을 주지만, 만드는 과정은 코믹하기 이를 데 없다. 체계성이라고는 찾아보기 어렵고 주먹구구식으로 촬영이 이루어진다. 많은 성취들이 우연적으로 이루어지거나, 배우의 열연으로 만들어진다. 가장 황당한 것은 촬영 중에 스태프가 죽는 사건이 흔하게 일어난다는 점이다. 〈바빌론〉에서 가장 기억에 남는 에피소드는 사운드가 영화에 처음 도입되었을 때 촬영에 굉장히 애를 먹는데, 카메라의 필름 돌아가는 소리를 막기 위해 촬영 감독이 공기가 통하지 않는 박스 안에 들어가서 촬영을 하다가 죽게 되는 장면이다. 촬영 현장에서 스태프를 위한 안전장치가 전혀 이루어지지 않는 것이다. 그런 과정에서 걸작들은 계속 만들어지니 그야말로 아이러니다. 데이미언 셔젤의 영화를 곱씹어 보면 화려한 스포트라이트를 받는 자리가 결코 아름답지만은 않다는 것을 생각하게 된다. 그렇다면 꿈이라는 것은 무조건 나쁜 것일까?

또 다른 십대의 꿈을 그린 영화 〈코다〉라는 작품을 보면 〈위플래쉬〉와는 다르게 아름답게 꿈을 이루어 가는 모습을 볼 수 있다. 이 영화에는 그 어떤 왜곡된 욕망이 개입되지 않고, 순수하게 노래하는 게 좋은 소녀와 그녀의 재능을 알아봐 주고 돕는 교사만이 있다. 영화에서 교사는 노래에 재능이 있는 루비가 자신답게 노래하기를 원하고 가능성을 깨워 준다. 플래쳐 교수처럼 나의 템포에 맞추라고 말하지 않는다. 오히려 **"너는 할 말이 있니? 할 말이 없는 예쁜 목소리는 차고 넘쳐."**라며 예술의 본질에 다가가도록 돕는 좋은 교사다. 자신이 돋보이려 하기보다는 루비가 꿈을 펼칠 수 있도록 돕는 브릿지 역할을 하는 것에 진심으로 행복해하는 교사다.

〈위플래쉬〉와 〈코다〉를 함께 보고 비교한다면, 꿈의 아름다움과 사악함 둘 다 보며 다양한 성찰의 시간을 가질 수 있을 것이다. 또 〈위플래쉬〉의 플래쳐 교수와 〈코다〉의 음악 선생님을 비교하면서 누가 더 좋은 선생이고, 교육 방식이 더 현명한지 토론해 보기를 추천한다. 물론 두 교사의 포지션은 다르기 때문에 누가 옳다고 말하기는 어렵겠지만, 의미 있는 고민이다. 둘 다 현실에서 만날 수 있는 캐릭터다. 둘 다 장점과 단점을 다 가지고 있기에 선과 악을 명확하게 구분 짓기가 쉽지 않다. 나 역시도 예술 교사를 오랜 시간 한 사람으로서 팁을 하나 공유하자면, 직업 교육과 체험 교육을 구분해야 한다는 점이다. 직업 교육에 있어서는 과정의 즐거움보다 결과물의 퀄리티가 더 중요한 건 사실이다. 최종적인 희열을 맛보기 위해 과정의 고통을 견뎌야 한다. 그저 즐거운 체험만 하려고 한다면 좋은 성과를 내기는 어려울 것이다. 반면에 체험 교육은 과정이 중요하나. 과정 속에서 예술의 매력을 느끼고 재미를 느끼는 경험이 소중하다. 학생은 즐거운 체험을 위해 왔는데, 교사가 혼자 지나치게 높은 목표를 잡고 과하게 훈련시키려고 한다면 부작용이 일어날 것이다. 현실에서 일어나는 많은 예술 교육의 문제는 직업 교육과 체험 교육을 구분하지 못해서일 때가 많다. 교사는 학생들의 능력과 니즈를 파악하고 적절한 목표를 제시해야 한다. 학생들이 훈련이 된 아이들인데 너무 낮은 목표를 제시하고 칭찬을 남발한다면 성장이 이루어질 수 없을 것이고, 반대로 학생들이 완전한 아마추어인데 교사가 너무 프로페셔널한 목표를 가지고 채찍질한다면 교사와 학생은 원수 사이가 될 것이다. 상황에 따라 유연하게 행동할 수 있는 지혜가 교사에게는 필요하다.

영화의 마지막 장면에 대한 이야기를 안 할 수 없다. 가장 모호하고 해석이 갈리는 부분이기 때문이다. 플래처 교수와 앤드류는 학교를 떠나고 한참 후에 우연히 다시 만나게 되었는데, 마침 드러머 자리가 비어 있다며 앤드류가 함께하기로 한다. 하지만 알고 보니 속임수였다. 늘 하던 곡이라고 해서 편히 갔는데, 알고 보니 다 처음 듣는 곡이다. 앤드류는 악보도 없는 상태에서 당황을 하게 되고, 공연 중에 큰 망신을 당한다. 플래쳐 교수는 자신이 학교에서 잘린 게 앤드류 때문임을 알고 이런 방식으로 복수를 한 것이다. 무대 아래로 내려가던 앤드류는 생각에 잠기더니 무슨 마음인지 다시 무대 위로 올라간다. 그리고 자신이 밴드를 주도하기 시작한다. 앤드류의 드럼에 맞춰 다른 연주자들도 어쩔 수 없이 연주를 하게 되고, 심지어 플래쳐 교수도 앤드류의 템포에 맞춰 지휘를 한다. 주체가 역전되었다. 과거에는 오로지 지휘자의 템포에 맞췄다면, 이제는 모두가 앤드류의 템포에 맞춘다. 앤드류는 온 힘을 다해 연주를 하고 최고의 스윙, 최고의 연주가 펼쳐진다. 앤드류의 도발에 플래쳐 교수도 처음엔 당황을 했지만, 지금 역사적인 공연이 펼쳐지고 있다는 것을 직감하고는 오히려 그도 희열을 느낀다. 어쩌면 앤드류가 제2의 찰리 파커가 되는 순간이다.

　마지막 연주는 플래쳐 교수의 복수로 인해 시작되었지만, 이 장면의 핵심은 복수가 아니다. 앤드류는 남의 템포에 맞추는 연주가 아닌, 자기 스스로 템포의 주체가 되었고, 비로소 자신의 한계를 넘어서는 경지에 이르렀다. 그런 예술의 경지 속에서 플레쳐 교수와 앤드류는 원수 관계가 아닌, 화합을 이룬다. 플래쳐 교수가 그토록 원했던 경지를 비로소 경험한다. 그가 마지막에 보이는 미소는 '멋쩍음'이 아닌, 진정한 희열의 표현일 것이다.

〈마션〉, 가장 낙천적인 재난 영화

"우주에선 뜻대로 되는 게 아무것도 없어.
이제 다 끝이구나, 하는 순간이 올 거야.
포기하고 죽을 게 아니라면 살려고 노력을 해야지.
무작정 시작하는 거지.
하나의 문제를 해결하고, 그다음 문제를 하고, 그다음도….
그러다 보면 살아서 돌아오게 된다."

영화 〈마션martion〉은 거장 리들리 스콧 감독이 인류에게 주는 선물과도 같은 영화이다. 영화는 '화성'을 배경으로 하고 있지만, 그곳에서 살아남기 위해 애쓰는 주인공의 모습이 지구에서 살아가는 우리의 모습과 다를 바 없다.

이 영화는 앤디 위어의 소설을 원작을 하고 있는데, 화성에 홀로 남겨진 마크의 생존 이야기를 담고 있다. 소설의 첫 문장을 들으면 주인공의 상황이 어떤지를 바로 알 수 있다. 첫 문장은 다음과 같다.

아무래도 나는 좆됐다. 이것이 심사숙고 끝에 내린
나의 결론이다. 나는 좆됐다.

주인공 마크(맷 데이먼)은 화성 탐사 도중 모래 폭풍을 만나 화성에 낙

오된다. 좋은 동료가 있었지만, 그들은 마크가 사망했다고 판단해서 그를 남기고 떠난다. 마크는 극적으로 생존하지만, 화성에 홀로 남겨졌기에 자신이 곧 죽을 거라고 생각한다. 그는 유언처럼 매일 영상 일기를 남기는데 문득 살아야겠다는 의지를 가지게 된다. 남은 식량을 계산해 보니 아예 불가능하지는 않다. 게다가 그는 식물학자였기에 생존에 유리한 조건을 가지고 있어서 스스로도 자신감을 갖는다.

마크는 지구에 자신이 살아 있음을 알리게 되고, NASA는 마크 와트니를 구출하기 위해서 지구 귀환 프로젝트를 시작한다.

대부분의 재난 영화를 보면 어둡고 무겁고 진지한 경우가 많은데, 이 영화는 톤이 다르다. 영화의 기본 정서에 따뜻함과 유머가 있다. 게다가 맷데이먼이라는 배우가 가지고 있는 특유의 긍정적 기운들이 풍기며 유쾌하게 영화를 끝까지 볼 수 있게 만든다. 영화는 최악의 상황 속에서도 포기하지 않는 마크의 타고난 낙천성과 삶에 대한 의지를 보며, 삶의 태도에 대한 감동을 선사한다. 이 영화는 화성에서의 이야기를 다루지만, 현실 속 우리 삶의 이야기를 은유한다. 지구에서 살아가더라도 우리는 누구나 삶에서 절망과 위기의 순간을 맞닥트리기 때문이다. "이제 다 끝이구나." 하는 순간을 맞이하는 경우가 있다. 그럴 때에 다 포기하고 싶은 마음이 굴뚝같지만, 영화는 더 최악의 상황에서도 삶의 의지를 놓지 않는 삶의 태도를 보여 준다. 그래서 이 영화를 다 보고 나면 삶의 용기를 얻는다.

그런데 왜 하필 화성일까? 영상을 보면 저런 곳에서 어떻게 살까 싶지만, 과학자들은 그래도 화성이 지구와 환경이 유사하다고 말한다. 소수이지만, 화성에서 문명이 존재했다가 사라졌다고 주장하는 사람도 있다. 그래서 화성에 아주 작은 생명체라도 있는지 집착하는 것이다. 그리고 수많은 SF 영화들이 지구인들이 우주로 이주하는 설정을 그릴 때 화성을 자주 활용한다. 안타깝게도 아직은 미생물 하나 발견되지 않는다고 한다. 화성 탐사가 실패한다면, 이 넓은 우주에 지구 말고는 사람이 살 수 있는 행성이 없을 확률이 크다. 다른 은하계로 가지 않는 한. 영화 〈인터스텔라〉처럼 웜홀을 통과해서 다른 은하계의 행성으로 여행을 해야만 한다.

영화는 전반부와 후반부로 테마가 변하는 깃을 볼 수 있다. 전반부가 '화성에서의 〈삼시세끼〉와 같은 리얼리티 쇼를 보여 준다면, 후반부는 한 사람을 구원하기 위한 공동체적 휴머니즘을 그린다. 결국 한 개인의 구원을 위해서는 스스로의 노력도 중요하지만, 공동체의 손길도 필요하다는 것을 은유한다. 마크를 버려두고 떠난 동료들이 마크가 살아 있다는 소식을 듣고는 한 치의 머뭇거림도 없이 다시 화성으로 돌아가기로 선택한다. 그 결정이 쉽지 않은 것이 조금이라도 오차가 생기면 자신들이 죽게 되고, 무사히 임무를 완수한다고 하더라도 업무일이 수백 일이 늘어나는 상황이기 때문이다. 쉽게 내릴 수 없는 결정이다. 하지만 동료들은 마크를 놓고 온 죄책감이 남아 있는 상태여서 오히려 그가 살아 있다는 것을 기뻐하며 그 미션을 받아들인다. 특히 제스카 차스테인이 연기한 대장의 표정은 그 자체로 휴머니즘적 감동을 선사한다. 과장되게 표현되지 않았음에도 불구하고 인간에 대한 사랑이 느껴지고, 마음속에 여운이 남는다.

이런 장면이 우리 시대에 울림을 주는 이유는 현대인들은 개인주의 시대를 살고 있기 때문이다. 타인에 대한 관심이 없고, 무언가를 선택할 때의 기준이 '나에게 이익이 되는가?'를 고려하는 시대다. 이익이 없으면 바로 동료를 배신하는 것이 현실의 모습이다. 의리를 지킨다는 집단도 냉정하게 들여다보면 '이익 공동체'인 경우가 많다. 마치 조폭들이 이익을 위해서 잠시 뭉치는 것처럼 현대인의 모습도 그렇다. 모두 자신이 위기 속에 살고 있으니 남에게 구원의 손길을 내밀 여유가 없다. 내 옆 사람을 경쟁자로 여기고, 속고 속이며 서로를 파멸시키는 시대. 그런 인간성이 사라져 가는 시대에 영화 속의 동료애와 휴머니즘을 접할 때면 알 수 없는 묘한 감정이 끓어오르게 된다. 어쩌면 그것이 인간다움의 본질인데, 현시대는 그것을 너무 많이 잃어버렸다.

결국 동료애와 NASA의 아낌없는 지원, 그리고 지구인들의 응원으로 다시 극적으로 마크를 만나게 된다. 여기서 마크를 구하는 프로젝트에서 눈여겨보아야 할 것은 어떤 한 명의 노력으로 가능한 것이 아니고, 여러 전문가들이 이어달리기하듯이 바톤을 넘기며 봉사할 때 비로소 가능하다는 점이다. 처음에 나사 직원이 새벽에 마크의 생존을 발견하고서 보고를 한다. 그리고 중력의 원리를 계산해 보급품을 전달할 수 있는 방법을 고안한 흑인 나사NASA 직원의 아이디어가 중요했다. 그리고 빠른 시간 안에 로켓을 제작하는 엔지니어가 이어받는다. 그리고 같이 탐사했던 동료들의 용기로 마무리된다. 이런 공동체적 노력으로 마크 구하기 작전이 성공한다. 여기서 직업윤리의 중요성을 강조하게 된다. 만약에 어느 한 명이 자신의 위치에서 직무 유기를 하거나 게으름을 피웠다면 계획이 무산되었을 것이다.

영화의 클라이맥스라고 할 수 있는 대장과 마크가 우주에서 만나는 장면은 명장면이다. 대장과 마크가 우주에서 손을 맞잡을 때 온 인류가 함께 기뻐해 준다. 한 사람의 생명을 귀하게 여기는 것이 진정한 휴머니즘이고 신의 사랑이기도 하다. 현실에서는 쉽게 볼 수 없는 풍경일지 모른다. 한국 영화 〈터널〉에서는 무너진 터널에 갇힌 한 사람을 구하는데 정부는 예산 문제 때문에 고민하는 장면이 나온다. 사람을 살리는 데에도 가성비를 따지는 것이다. 어쩌면 이 영화가 우리의 현실에 더 가까울 것이다. 〈마션〉은 판타지가 담겨 있지만, 인류가 가야 할 길이 무엇인지를 보여 주는 교육적 효과가 있다.

영화는 거기서 끝나지 않고, 에필로그 장면을 보여 준다. 그 이후에도 화성 탐사는 계속 이어지고, 마크는 후배들에게 강의를 한다. 그때 마크의 대사는 이 영화 전체를 요약해 주면서도 울림을 준다. 마크는 말한다.

> *"내가 어떻게 살아 돌아왔는지 얘기해 줄게.*
> *우주에선 뜻대로 되는 것이 아무것도 없어.*
> *아, 이제 끝이구나, 하는 순간이 올 거야.*
> *포기하고 죽을 게 아니라면 살려고 노력을 해야지.*
> *무작정 시작하는 거지.*
> *하나의 문제를 해결하고, 그다음 문제를 해결하고,*
> *그리고 그다음도….*
> *그러다 보면 살아서 돌아오게 된다."*

마크는 분명 화성에서 살아 돌아온 이야기를 하고 있지만, 지구에서 살고 있는 나에게도 감동을 준다. 그 이유는 지구에서의 삶도 화성 못지않게 만만치 않기 때문이다. 우연히 세상에 태어나서 초등학교에서 고등학교 때까지는 그럭저럭 잘 살아간다. 마치 에스컬레이터를 타고 올라가는 것처럼 자연스럽게 학년이 올라가고 성장한다. 하지만 고등학교를 졸업하는 순간, 인생은 풀어야 할 과제로 가득하다. 매 학기 수백만 원의 등록금을 마련해야 하고, 또 학과 성적도 어느 정도 유지해야 한다. 그렇게 대학 생활을 겨우 잘 마치면, 취업이라는 더 큰 과제가 기다리고 있고, 직장 내에서는 또 더 큰 과제와 어려움을 만나게 된다. 10대 시절에는 가만히 있어서 학년이 올라갔지만, 성인이 되어서 가만히 있으면 그냥 죽는다. 끊임없이 도전하고, 행동해야만 생존의 가능성이 높아진다. 그렇게 열심히 산다고 하더라도 뜻밖의 위기의 순간을 만나게 된다. 그럴 때면 화성에 홀로 남은 마크처럼 "아, 이제 끝이구나." 하는 순간이 온다. 그럴 때 어떤 사람은 포기하지만, 어떤 사람은 일어선다. 이것이 회복탄력성이다. 그것은 자신을 긍정하는 힘이다. 어떤 어려운 환경에서도 자신을 믿고 일어설 수 있는 힘이 바로 마크가 보여 준 낙천적인 태도이다.

삶에서 회복탄력성이 중요하다. 그것은 도무지 희망이 보이지 않는 상황에서도 마음이 꺾이지 않는 태도이다. 외부 조건이 아닌, 내 안에서 자존감을 지켜 내는 용기이기도 하다. 화성에서 홀로 남은 마크는 외부 조건으로 보았을 때엔 살아남을 가능성이 희박하다. 하지만 영상 일기를 남기는 중에 살아야겠다는 결심을 하고, 자신이 식물학자라는 강점을 활용해 화성에서 농사를 짓는다. 달 착륙에 성공했지만, 발만 디디고 돌아온 닐 암스트롱보다 자신이 더 낫다며 여유를 보이기도 한다.

위기 극복에 있어서 언제나 행동이 중요하다. 어려움에 직면했을 때 무작정 시작한 행동을 통해서 실마리가 풀리고, 긍정적인 가능성이 열리기 시작한다. 사실 영화의 본질이 '행동'이기도 하다. 행동하지 않는 인물은 주인공이 될 수 없기 때문이다. 그래서 영화 캐릭터 분석을 하다 보면 삶에 대한 지혜도 함께 얻게 된다. 그저 가만히 앉아서 비관만 하거나, 남들이 돕기를 기다리기만 하기보다는 스스로 생각하고, 행동하는 태도가 중요하다. 영화를 보면 마크는 늘 행동을 하고 있다. 농사를 짓고, NASA와 소통하기 위한 장비를 찾으러 나서고, 비닐로 앞막이를 한 우주선을 타고 무작정 우주로 올라간다. 무모해 보이지만, 그 행동을 통해 구원의 손길이 더 가까워진다. 그런 개인의 노력이 있을 때, 공동체의 도움의 손길이 가능할 수 있었다. 우주 한복판에서 대장의 구원의 손길이 마크의 손에 닿는 클로즈업 숏은 감동적이다.

도대체 '낙천성'은 어디로부터 오는 것일까? 왜 어떤 사람은 위기의 순간에 삶을 포기하고, 어떤 사람은 마음을 고치고 다시 일어서는가? 도저히 희망이 보이지 않는 순간이더라도 포기하지 않는 태도는 어디서 기인하는 것일까? 주인공은 타고난 낙천성을 가진 인물이기도 하지만, 영화는 '과학적 사고'의 중요성을 은연중에 강조한다. 마크가 화성에 홀로 남겨졌을 때 직관적으로는 살 가능성이 희박해 보인다. 하지만 마크는 이성을 되찾고 합리적이고 과학적으로 판단하여 살 가능성이 있다고 생각한다. 그는 남은 식량을 계산하며 며칠을 버틸 수 있는지, 어떻게 농사를 지을 수 있는지 구체적인 계획을 세운다. 처음의 그의 비관적 태도는 긍정적 태도로 서서히 탈바꿈하게 된다.

마크가 지구와 교신에 성공하는 것도 과학적 지식이 있어서 가능한 일이다. 영화의 서사 안에 그 어떤 신적인 초월성이 개입하지 않는다는 점이 인상 깊고, 주인공에게 닥치는 위기와 극복 방법이 모두 과학적 물리법칙 안에서 이루어진다는 점이 그 이전의 공상 SF 영화와는 다른 점이다.

최근 한국 사회는 '과학적 사고'의 중요성이 많이 강조되고 있다. 대중들과 소통하는 과학자나 과학 커뮤니케이터들이 많아진 덕분이다. 우리 모두가 과학자가 될 수는 없겠지만, 과학적 사고는 필요하다. 그것이 나와 내가 살고 있는 세계를 좀 더 합리적이고 선명하게 바라볼 수 있도록 돕기 때문이다. 과학적 사고는 기존에 자신이 가졌던 신념과 세계관을 깨부수기를 요구할지도 모른다. 하지만 끊임없이 공부하고, 혹시나 자신의 생각에 오류가 있다면 개선할 용기를 가진 이들에게 더 나은 삶이 선물처럼 주어질 것이다.

〈돈 룩 업〉, 영화가 그리는 종말론

"생각해 보면 우린 너무 부족한 게 없었어."

연말에 넷플릭스에 공개된 〈돈 룩 업〉은 큰 화제가 되었다. 로맨틱 코미니가 아닌, 종말 영화가 연말에 이슈가 되는 게 흥미로웠다. 과거에는 종말에 관련된 영화가 먼 미래의 이야기로 느껴졌지만 최근에는 곧 다가올 현실로 느껴지는 듯하다. 물론 영화처럼 혜성 충돌이 일어날 확률은 거의 없겠지만, 환경오염이나 경제적 어려움, 정치적 혼란 등을 지켜보면 우리 모두는 종말론적 상황을 살고 있고, 하루하루를 불안 속에서 버티는 사람들이 많다. 오늘이 내 삶의 마지막 하루일 수도 있다는 생각을 종종 하기도 한다. 그러다 보니 영화에 대한 감정이입이 과거와는 정도의 차이가 있다. 훨씬 깊게 몰입된다. 게다가 이 영화는 블랙코미디 형식으로 유머가 있고, 레오나르도 디카프리오와 제니퍼 로렌스라는 스타 배우가 출연함으로써 대중을 견인하는 데 성공한다.

천문학과 대학원생 케이트 디비아스키(제니퍼 로렌스)와 담당 교수 렌들 민디 박사(레오나르도 디카프리오)는 태양계 내의 궤도를 돌고 있는 혜성이 지구와 충돌하는 궤도에 들어섰다는 것을 발견한다. 두 사람은 주변 과학자들에게 이 소식을 알리고, 다음 날 바로 대통령을 만나러 길을 떠난다. 드디어 백악관에 도착했지만, 대통령(메릴 스트립)은 생일 파티

중이라 만나 주지 않는다. 다음 날 겨우 만나는 데 성공하지만, 지구의 종말 소식을 대수롭지 않게 듣는다. 지금 당장 선거가 더 급하기 때문이다. 진지하게 검토할 생각 없이 두 사람을 돌려보낸다. 다급해진 교수와 학생은 인기 프로그램에 출연해 종말 소식을 알리려 한다. 그런데 그곳은 더 심각하다. 방송 진행자들은 오로지 재미만을 추구한다. 혜성 충돌의 소식도 농담으로 받아들이고, 진지하게 이야기를 나눌 생각이 없다. 지구 종말도 그저 하나의 유희적 콘텐츠로 여기고, 오히려 이 두 사람이 매체 훈련이 되지 못했다고 나무란다. 참다못한 케이트 디비아스키(제니퍼 로렌스)는 카메라를 보며 소리를 친다.

"지구 전체가 파괴된다는 소식은 재미있으면 안 되는 거예요.
무섭고 불편해야 할 소식이라구요⋯. 우리 모두 100퍼센트 뒈진다구요."

다음 날 소셜 미디어에서는 디비아스키를 조롱하는 사진과 민디 박사가 섹시하다는 밈들로만 가득하다. 혜성 충돌에 대한 관심은 아무도 없다. 이런 블랙코미디와 같은 상황이 씁쓸한 이유는 실제 현실에서도 다를 바가 없다고 느껴지기 때문이다. 영화 속 혜성 충돌은 메타포metaphor이다. 환경오염이나 바이러스, 경제 위기로 세상이 망할 위기에 있을 때 사람들은 어떤 반응을 보일까? 영화와 별 다를 바 없지 않을까? 정치인들은 여전히 눈앞에 선거에서 이기는 데에만 관심을 가질 것이고, 사람들은 더 극단적인 쾌락을 추구하고, 미디어들 역시 진실을 전달하는 데에는 관심을 두지 않을 것 같다. 진실을 외치려고 하는 소수의 사람들이 있다 한들, 그들을 응원하기보다는 숨은 음모가 있다고 의심하는 사람이 더 많지 않을까? 현실도 영화처럼 블랙 코미디와 같을 것이다.

영상 미디어에 대한 비판적 성찰이 담긴 닐 포스트먼의《죽도록 즐기기》란 책을 대학원 시절 인상 깊게 읽었다. 포스트먼은 영상 미디어 시대에 '오락'이 가장 중요한 담론이 되었고, 재미가 전제되지 않으면 어떤 메시지도 의미가 없어졌다고 말한다. 텔레비전 시대에 이미 이런 경고를 했는데, 그가 지금의 유튜브 시대를 본다면 아마 경악을 할 것이다. 지금 '재미'에 대한 중요성은 더 커졌다. 그 어떤 교양 프로그램도 재미가 전제되지 않으면 전달이 되지 않는다. 미디어는 점점 더 자극적인 콘텐츠를 노출시키고자 하고, 심지어 가장 보수적이라고 느껴졌던 언론마저도 예외는 아니다. 뉴스도 조회 수 경쟁이 심해지면서 점점 자극적인 뉴스를 노출시키게 된다. 연예인 관련 뉴스 소식과 범죄 보도가 많은 것은 그 이유 때문이다. 심지어 이제는 일반인들도 누구나 콘텐츠 생산자가 되면서 좋은 콘텐츠도 많아졌지만, 반대로 재미에 대한 추구는 제한이 없어지게 되었고 극단까지 가는 상황에 온 듯하다.

텔레비전 시대를 거쳐 소셜 미디어의 시대가 되면서 도파민을 자극시키는 콘텐츠를 점점 더 많이 소비하게 되고 점점 인간의 정신이 병들어가게 된다. 아무리 진실이 담긴 메시지도 외모가 아름답거나 재미가 없으면 전달이 안 된다. 그래서 영화 속에서 제니퍼 로렌스가 카메라를 보고 분노의 외침을 하는 장면은 이 시대를 향한 외침이다. 이대로 가다가는 다 같이 망할 수 있다는 경고다.

영화 〈돈 룩 업〉에는 또 한 명의 흥미로운 인물이 등장하는데, 디지털 기업의 대표인 피터이다. 그는 인간적인 면은 조금도 찾아볼 수 없는 인

영화 인문학 콘서트

물이고, 자본주의적 사고의 극치를 보여 주는 캐릭터다. '신이 되려는 기술'을 내재화한 인물이다. 디지털 알고리즘으로 인간의 모든 것을 판단하고, 심지어 운명까지도 결정지어 준다는 점에서 단순한 기업가 이상의 은유를 담아내고 있다. 그는 대통령과 민디 박사가 어떻게 죽을 것인지까지 예언한다는 점에서 신의 영역에 도전한다. 그는 정부에 큰 후원을 하고 있기에 영화에선 대통령보다 권력이 큰 것으로 보인다. 그는 겨우 진행하기로 한 혜성 폭발 프로젝트를 갑자기 무산시킨다. 그 광물 안에 수십조의 가치가 담겨 있다며 대통령과 과학자들이 모여 진행한 계획을 한순간에 무마시킨다. 자본주의 세계관의 극단을 보여 주는 장면이다. 우리 모두가 죽는다면 돈이 무슨 소용이냐고 항변을 하지만, 그는 눈앞의 이익에 눈이 먼 상태다. 피터는 드론 폭발을 이용해 혜성 광물을 분산시켜 지구에 착륙하게 만든다는 계획이 있지만, 가상현실에서나 완벽한 계획이다. 디지털 시뮬레이션으로는 완벽하지만 결국 실제 상황에서는 시행착오가 생기고 지구 종말이 코앞에 다가오게 되었다. 기술 만능주의가 무너지는 순간이다. 디지털 기업들은 언제나 기술이 우리를 구원한다는 메시지를 준다. 광고 이미지 안에서는 기술이 어떤 착오도 없이 완벽해 보인다. 하지만 그것은 인간의 오만이다. 우리가 살아가는 시대는 기술이 신의 영역에 도전하고 있다. 인간의 모든 데이터가 수집되고, 인간의 일상과 소통 구조 속에 디지털이 자리 잡고 있다. 그리고 기업들은 디지털 세계를 인류의 비전으로 제시하고 있다. 이것이 과연 옳은 길일까?

결국 기술을 맹신한 지도자로 인해 종말을 막을 수 있는 마지막 기회를 놓쳐 이제는 인류의 마지막을 받아들여야 할 수 밖에 없다. 그 와중에 정치인들은 진실을 가리고, '돈 룩 업don't look up' 즉, 위를 보지 말라며 정치적 메시지를 전달한다. 종말이 이루어지기 1초 전까지 세상은 하나의 쇼 show와 같다.

이렇게 세상을 혼란에 빠트린 원인자인 피터는 혼자 살 궁리를 마련해 뒀다. 부와 권력이 있는 사람끼리 지구 외의 다른 행성에 갈 수 있는 우주 선에 탑승한다. 그 외의 평범한 모든 사람들은 종말이 오기까지 어떤 과 정이 있었는지 알지 못한 채 마지막 순간을 맞이한다. 황당하다는 말이 딱 어울리는 표현이다. 이때 민디 박사(레오나르도 디카프리오)의 선택 은 의미심장하다. 그는 대통령의 탑승 요청을 거부하고 가족에게로 간다. 그는 가족과 함께 즐거웠던 과거를 회상하고 사소한 수다를 즐긴다. 마지 막까지 혼란을 부추기는 뉴스를 꺼 버리고, 그는 가족과의 대화에 집중한 다. 마지막 가족 식사 장면은 마치 예수와 제자들의 성찬식처럼 숭고하게 느껴진다. 그리고 한마디를 남기며 인류의 마지막을 맞이한다. 그 한마디 는 "우린 정말 풍족했어."이다. 민디 박사의 최후의 모습은 피터의 예언에 서 벗어났다.

영화가 웃음을 자아내면서도 서늘한 이유는 현실이 영화와 다를 바가 없게 느껴지기 때문이다. 현실은 영화보다 더 나은 마지막을 맞이할 수 있을까?

〈레디 플레이어 원Ready player one〉을 통해 보는 디지털 인문학

"유일하게 따뜻한 밥을 먹을 수 있는 곳은 현실뿐이지."

2045년, 세상의 모습은 어떨까? 스티븐 스필버그 감독의 〈레디플레이어 원〉은 디지털 기술이 도구를 넘어 환경이 된 시대를 그린다. 가상현실이 실제 현실을 대체해 버렸고, 아바타가 나를 대신해서 살아가는 시대다. 이 영화가 그리는 미래는 얼마 전 전 세계적으로 바람을 일으켰던 메타버스metaverse 시대의 극단적인 모습이라고 볼 수 있다. 감독은 "몇십 년 후에는 아마 이런 세상이 펼쳐질 거야."라는 상상의 나래를 펼치고 있고, 그 세계를 유쾌하고 멋지게 그리면서도, 동시에 디지털 세상에 대한 비판적 성찰까지 담긴 흥미로운 영화다.

영화 속 미래는 제임스 할리데이라는 천재가 '오아시스'라고 하는 매력적인 가상 세계를 창조한 시대를 그린다. 그는 소심해 보이고 말도 어눌하지만, 가상 속 세계를 창조한 신과 같은 존재다. 그는 이 세계를 창조하고 얼마 되지 않아 죽었다가 다시 부활했다는 점에서 신의 메타포metaphor를 함의하고 있다. 물론 그는 성서처럼 육신으로 부활한 건 아니고, 디지털 시대에 맞게 홀로그램으로 부활한다. 그는 마치 메시아가 인간에게 구원의 약속을 전하듯, 오아시스 안에서의 게임 참여를 제안하고 미션을 통과한 우승자에게 오아시스 세계를 넘겨준다고 약속한다. 빈민

가에서 살아가며 암울한 현실보다 화려한 가상 세계를 더 사랑하는 청년 웨이드 와츠는 매일 가상 세계에 접속하며 이 게임에 참여하게 된다. 그리고 그 과정에서 조력자이자 사랑에 빠지는 사만다를 만나게 되고 함께 함께 가상 세계 모험을 떠나게 된다. 하지만 오아시스 세계를 차지하려는 거대 기업은 조직적으로 대규모 인력을 동원하고 승리를 위해서 비윤리적인 행동도 서슴지 않기에 평범한 개인이 우승하기 쉽지 않았다.

영화에서 또 하나의 흥미로운 설정은 오아시스 속 미션을 통과함에 있어서 1980년대의 대중문화 속에 힌트가 담겨 있다는 것이다. 그래서 〈레디 플레이어 원〉에는 스필버그 자신이 사랑했던 수많은 대중문화의 레퍼런스가 담겨 있다. 그 코드를 알아채는 관객이라면 더 다양한 레이어로 영화를 즐길 수 있다. 그 중에서 특히 스탠리 큐브릭 감독의 영화 〈샤이닝〉은 꽤나 비중이 큰 배경으로 등장하고 있어서 함께 보면 영화를 이해하는 데에 좋다. 실제로 스티븐 스필버그 감독과 스탠리 큐브릭 감독은 우정을 나누는 친구였다고 한다. 영화만 보면 너무 결이 다르고, 반대 성향을 가진 것이 분명한데, 서로에게 영감을 주는 사이였다는 게 흥미롭다.

주인공 웨이드 와츠를 비롯해 영화 속 인물들은 시궁창 같은 현실보다 가상 세계에 머무는 시간이 더 많다. 현실은 느리고 지루하지만, 가상 세계는 스펙터클하고 게임 같은 세상이기 때문이다. 게다가 아바타로 살아가다 보니 자신의 외적 콤플렉스도 극복할 수 있고, 신체적 한계도 넘어설 수 있는 재미가 있다. 이런 매력 때문에 많은 디지털 분야 기업과 전문가들이 〈레디 플레이어 원〉이 우리들이 앞으로 살아갈 세계의 모습이라고 예언을 하기도 했다. 사람들이 미래엔 아바타로 살아간다는 것이다.

실제로 잠깐이지만 가상 세계 속의 강남 땅 구매가 이루어지기도 했고, 가상 세계에서 출근을 하고 업무를 보는 시도를 한 기업들도 있었다. 그리고 페이스북 창시자 마크 주커버그는 메타버스 세계를 자신들의 비전으로 보고 회사 이름을 바꾸기도 했다. 코로나 팬데믹과 함께 디지털 기업들이 크게 성장하면서 세상이 빠르게 변하는 게 몸소 체감되던 시기였다. 조만간 삶의 대부분의 활동이 온라인 세계에서 이루어질 것 같았다. 하지만 생각보다 변화는 더뎠다. 코로나 팬데믹이 끝나면 완전히 디지털 세계를 살아갈 것 같았지만, 오히려 사람들은 반대로 오프라인 세계를 그리워하며 공원을 가고 여행을 떠났다. 사람은 물리적인 현실 세계 안에서 가장 살아 있음을 느끼는 것이다. 미래 전문가라는 사람들이 이런 변화는 예측 못 했는지, 쏙 들어가게 되었고 디지털 기업들의 손해가 엄청났다는 기사를 많이 접했다. 디지털 기업의 리더들은 안타깝게도 인간에 대한 이해가 부족했다.

인간은 '양복을 입은 원숭이'라는 말도 있듯이 빠르게 변화하는 문명사회에 적응하는 것을 어려워한다. 외적으로는 디지털 세계에 적합한 세련된 이미지를 가지고 있지만, 내면에는 원시적인 동물적 본성이 자리 잡고 있다. 그래서 여전히 사람들은 휴가만 되면 쉼을 얻기 위해 산이나 바다와 같은 자연으로 가는지도 모른다. 아직 도시 세계 적응이 안 된 것이다. 아무리 디지털 세계가 발전을 하고, 화려한 가상현실이 펼쳐진다 하더라도 그곳에서의 삶을 더 사랑하는 게 가능할까? 무겁고 불편한 VR 안경을 쓰고 가상현실에 접속하는 행위가 인간에게 자연스럽게 느껴지지 않는다. 아주 가끔씩 이벤트 활동으로써 신선한 체험이 될 수는 있겠지만 말이다. 거대 자본으로 인간의 본성을 바꾸려고 해도 쉽게 변하지 않는다.

인간은 가상현실보다는 자연 속에서 안식을 누린다.

영화 〈레디 플레이어 원〉은 현실보다 극단적인 세계를 세팅한 측면은 있으나 미래를 상상해 보는 데에 있어서는 좋은 텍스트이다. 할리데이라는 순수함을 간직한 천재는 새로운 세대에게 기회를 주기 위해 공평한 게임을 개최했다. 물론 대기업이 이기기 위해 편법을 쓰기도 하지만, 누구나 게임에 참가할 수 있고 성공할 가능성이 있는 게임이란 점에서 불평등 구조가 너 심각한 현실보나는 낫다. 여러 위기가 있었지만 결국 게임의 승자는 주인공 웨이드 와츠가 된다. 그가 첫 열쇠를 획득하는 장면이 인상 깊은데, 카 체이싱 대결에서 모두 전속력으로 앞으로 가는데, 주인공은 뒤로 간다. 할리데이 박물관에서 힌트를 얻어 가능한 플레이였다. 이 장면을 처음에는 하나의 극적인 장치 정도로만 여겼는데, 문득 이 안에도 감독의 메시지가 담겨 있다는 생각이 들었다. 카 체이싱은 서바이벌 시대를 의미하는데, 그저 옆 사람을 이기기 위해서 무작정 달리는 게 아니라, 오히려 남들과 반대로 달려감으로써 삶의 새로운 길이 열릴 수 있다는 통찰을 전달해 주는 것이다.

결국 그는 3개의 열쇠를 획득하고, 할리데이를 이어 새로운 세대의 가상현실 리더가 된다. 할리데이가 낸 문제 안에는 삶의 대한 통찰도 담겨 있어 흥미롭다. 마지막에 할리데이가 승리한 웨이드와 단둘이 대화를 나누는 장면이 인상 깊다. 그는 자신이 가상현실을 창조한 이유가 현실이 두렵고 피하고 싶어서였다고 이야기한다. 여기에 디지털 세계의 아이러니가 있다. 겉으로 볼 때는 화려한 세계이지만, 본질을 들여다보면 도피의 세계이다. 가상 세계에서는 신과 같은 존재였지만 현실 안에서의 할리데이는 약하고 초라한 모습이다. 그리고 그는 우승자 웨이드에게 주옥같은 말을 던진다. **"따뜻한 밥을 먹을 수 있는 유일한 곳은 현실뿐이지."**라며 현실만이 유일한 진짜라고 조언한다. 이 대사는 감독인 스필버그 감독의 메시지가 반영되었다고 생각한다.

영화가 그리는 디지털 세계는 가상현실이 실제 현실보다 실제감이 더 크다. 복사본이 원본보다 더 원본스러운 세계. 어찌 보면 SF 영화의 걸작 중 하나인 〈매트릭스〉의 연장선에 있는 세계관이라고 볼 수 있다. 그 영화는 우리가 살고 있는 현실이 컴퓨터 속 세계라고 전제를 한다. 장보드리야르가 말한 '시뮬라르크의 세계'인 것이다. 모피어스는 네오에게 매트릭스의 세계를 설명해 주는 장면에서 현실은 프로그램에 불과하고, '진짜'라고 하는 것은 두뇌가 보내는 전자신호에 불과하다고 조언한다. 다시 말하면, 이 세계는 '시뮬레이션의 세상'이라는 것이다. 영화 〈매트릭스〉는 수많은 과학자들을 비롯한 지식인들의 지적 호기심을 자극시켰고, 우리가 사는 세계가 컴퓨터로 설계한 시뮬레이션이라고 진지하게 믿는 이들도 많아졌다. 메타버스 세계관이 극단적으로 추구하는 세상이 아마 그런 세상일 것이다. 오프라인 세계를 디지털로 완전히 대체해 버리는 세상. 영화 〈레디 플레이어 원〉은 그런 과정의 과도기를 그린다.

사실 지금 아무리 디지털 기업이 대세라 하더라도 영화 같은 세계가 펼쳐지기는 쉽지 않다. 현재 디지털 세계를 가장 잘 구현하고 있는 '제페토' 같은 앱이나 메타버스 관련 사이트를 체험해 보아도 교육에 활용하거나 가벼운 체험으로써는 즐겁지만, 삶을 대체할 만큼 깊게 매료되기 어렵다. 지금은 이용자도 점점 줄어들고 지금은 그 분야에 투자와 개발도 많이 정체된 듯한 분위기다. 게다가 거품처럼 돈이 너무 많이 드는 분야라 가성비가 떨어진다. 애플에서 비전프로vision pro와 같은 가상현실을 체험하는 야심작을 내놓기도 했다. 얼리어답터 유저들의 사용 후기는 나쁘지 않으나 스마트폰처럼 대중화되기는 어려워 보인다. 디지털 기업들의 관심사는 메타버스에서 인공지능으로 옮겨진 듯하다.

오히려 지금은 디지털 세계에 대한 싫증이 커지고 있다. 아날로그적인 체험을 너 신선하게 여기는 현상이 나타나고 있다. 과거에는 아날로그적 체험이 일반적이고 디지털 체험이 특별했다면, 이제는 디지털 체험이 너무 일반적이고 아날로그적 체험이 특별해졌다. 특히 태어날 때부터 디지털 세상을 살아온 젊은 세대에게 더욱 그렇다. 그 어떤 신기술을 보여 주어도 그들에게는 그리 특별하게 느껴지지 않고, 흥미가 오래 가지 않는다. 오히려 아날로그적 체험이 마음속에 오래 남는다. 할리데이의 조언대로 시대의 트렌드와 반대로 가는 것이 미래를 준비하는 열쇠가 될지 모른다.

가상현실의 세계는 플라톤의 '동굴 비유'를 떠오르게 한다. 동굴 속 그림자를 현실로 받아들이는 것이다. 하지만 소수의 사람들만이 진실을 깨닫고 동굴 밖으로 나와 실제를 마주한다. 비로소 진짜 현실을 감각하게 되는 것이다. 지금은 디지털 기술이 너무 발전해서 그림자 세계가 오히려 실제 현실보다 더 선명하고 화려하게 구현되고 우리를 매혹시키지만, 여전히 그림자에 불과하다. 결국 실제 현실에서의 소통만이 우리를 자유케 한다. 디지털 세계의 극단을 살아가고 있는 지금의 시대에 많은 사람들이 이 단순한 진리를 깨닫고 있는 것 같다.

그렇다고 해서 21세기를 살아가는 우리가 디지털 세계를 완전히 부정하고 살아가는 일은 불가능하다. 디지털 도구 자체가 자연이 되었기 때문이다. 영화 속 결말처럼 정책적으로 디지털 활용은 규제할 수 없겠지만, 개개인이 자신의 삶의 방식에 맞게 지혜롭게 활용하면서도 절제하는 삶을 살아야 할 것이다. 그리고 디지털 세계를 넘어선 사람과 사람 사이의 소통, 그리고 자연과의 관계를 중요하게 여기는 것이 지혜롭다. 그런 점에서 디지털 시대를 비판적으로 성찰하면서 지혜롭게 활용하기 위한 디지털 리터러시 교육이 중요하다.

〈애프터 양〉, 미래 사회 가족의 풍경

"차 안에 시간과 장소가 있다는 거 알아요?
나도 그런 기억이 있으면 좋겠어요."

미래의 가족 풍경은 어떤 모습일까? 영화 〈애프터 양〉은 민족의 경계가 허물어지고, 인간과 로봇의 경계도 희미해진 새로운 가족의 형태를 그린 영화다. 제이크(콜린 파렐)와 아내, 그리고 입양된 딸 미카, 그리고 안드로이드 양은 그런 미래 가족의 풍경을 상징적으로 보여 준다. 제이크는 서양인, 아내는 유색인, 입양한 딸 미카는 중국계이고, 안드로이드 양도 그렇다. 제이크 가족은 미카에게 중국의 전통을 알려 주기 위해 로봇인 양을 입양한 것으로 보인다. 이런 새로운 가족 구성원은 모든 경계가 허물어진 미래 사회의 모습을 상징적으로 보여 준다. 전통적인 가족의 관습이 다 깨졌다. 혈연으로 엮이지도 않고, 심지어 인종도 다르다. 게다가 로봇도 가족의 구성원이 된다. 물론 영화 속에서 어른들은 아직 로봇을 가족으로 여기기에는 어색하다. 그저 수단으로써 입양한 것이기 때문이다. 하지만 순수한 아이들은 사람보다 로봇에게 더 의존하고 진짜 가족으로 여긴다. 어찌 보면 고레에다 히로카즈 영화에 자주 등장하는 테마인 '대안 가족'의 모습이라고 볼 수 있다.

영화는 한 편의 시와 같은 느낌이지만, 서사가 풍부하다. 플롯도 복잡하고, 캐릭터 설정도 깊이 있게 이루어져 있다. 양의 기억을 추적해 가는 과정 속에서 이야기가 그리 단순하지 않게 펼쳐진다. 캐릭터 설정에서 인상 깊은 점은 미카와 양의 처지가 비슷하다는 점이다. 둘 다 입양되었다는 공통점이 있다. 미카는 자신이 진짜 딸이 아니어서 학교에서 놀림을 받았는지 고민을 하자, 양은 미카를 산으로 데려가 나무와 가지가 접목된 모습을 보여 주며 가족도 이와 같다고 설명해 준다. 놀라운 가르침이다. 개념으로 가르치는 것이 아니라, 자연의 원리를 통해서 어린이도 이해할 수 있는 방식으로 가르치는 것이 인상 깊었다. 마치 신약성경에서 예수가 제자들에게 설교하는 방식과 유사하다. 비유를 통해 설교하기에 어른이든 아이든 다 이해할 수 있다. 두 사람이 돈독한 관계는 여러 장면에서 나타난다. 안드로이드 양은 부모님보다 더 미카와 교감을 나눈 혈연 이상의 관계이다.

어느 날 제이크의 가족이 댄스 경연을 하던 중, 안드로이드 양이 과부하가 되어서 고장 난다. 제이크는 양을 수리할 방법을 찾아 나선다. 그러던 중 양에게서 기억을 저장하는 메모리 뱅크를 발견하고, 양의 기억을 탐험하게 된다. 그 과정 속에서 그동안 알지 못했던 양의 복잡한 삶의 행적들을 알아 간다. 제이크는 양을 그저 기능적인 역할을 위한 도구로써 여겼는데, 그의 기억 파편들을 보며 양이 단순한 로봇이 아니고, 나름의 삶의 추억들이 있고, 감정을 가진 인격체와 다를 바 없다는 걸 깨닫는다. 그리고 자신의 편견에 반성한다. 사실 모든 로봇이 다 그런 것은 아니고, 양이 좀 특별한 존재다. 전문가들도 기억장치가 있는 양을 보고 놀라워한다. 경험을 통해서 진화하는 존재이기 때문이다. 그래서 양의 기억이 연구 대상이자 보존 가치가 있다며 제이크를 설득한다.

안드로이드 양이 매일 몇 초씩 삶의 한 순간을 기억하는 설정은 흥미롭다. 기억의 파편들이 양의 시점 숏으로 표현되는데 경이롭기 그지없다. 양이 본 것들이 몽타주 씬으로 음악과 함께 나열되는데 마치 영상으로 쓴 시와 같다. 모든 숏 안에 감성과 예민함이 풍기고, 무엇보다 사람에 대한 애정, 제이크 가족에 대한 사랑이 느껴진다. 이미지 파편들 속에 양이 세상을 감각하고 있다는 면이 느껴진다. 그는 일상적인 매 순간을 아주 특별하게 여긴 것이다. 영화에서 '시점 숏'은 인물의 내면을 이해하는 데에 효과적으로 사용된다. 중산에 제이크의 가족사진을 찍는 장면도 인상 깊게 묘사된다. 양이 사진 촬영 기사 역할을 하려 하는데, 미카의 요청으로 양도 함께 찍게 된다. 그 사이에 양은 가족의 풍경을 자신만의 기억 안에도 저장을 해 놓는다. 이런 양의 시점 숏들은 서사 안에서 중요한 기능을 하면서도 마음을 영화 언어로 표현해 낸 훌륭한 장면들이다.

제이크는 양의 기억을 추적하는 중에 한 여인이 자주 등장하는 것을 보게 된다. 그녀의 이름은 에이다이고 복제 인간이자 양의 첫사랑이다. 양은 가족에 대한 애정뿐 아니라, 사랑의 기억까지 가지고 있다. SF 영화의 클래식인 리들리 스콧 감독의 〈블레이드 러너〉에서 인간과 복제 인간의 사랑이 담겨 있다면 〈애프터 양〉은 한 걸음 더 나아가 안드로이드 로봇과 복제 인간의 사랑을 담아낸다. 한 단계 진화한 서사다. 양이 에이다가 일하는 카페에 자주 찾아감으로써 두 사람은 데이트를 시작하게 되었는데, 에이다 역시도 원형이 따로 있는 복제 인간이고, 두 사람의 인연은 오래전부터 시작되었음을 깨닫게 된다.

영화는 소품 하나까지도 대충 사용하지 않는데, 특히 '차'의 모티프를 중요하게 사용한다. 제이크는 양과 함께 차를 마시며 나누었던 대화를 떠올린다. 양은 말한다. "차 안에 시간과 장소가 있다는 걸 알아요? 나도 그런 기억이 있으면 좋겠어요." 양은 기억하는 존재가 되길 원했다. 사실 인간을 인간으로 규정하는 것 중에 '기억'이 큰 비중을 차지한다는 점에서 양이 기억하는 존재가 되길 원하는 것은 의미가 있다. 결국 기억의 연속성에서 우리는 자신의 정체성을 규정할 수 있다. 〈블레이드 러너〉와 같은 다른 SF 영화에서 그 기억조차 남들이 심어 놓을 수 있다는 설정이 있기도 하지만, 〈애프터 양〉에서의 '기억'의 모티프는 '존재한다'라는 것의 의미로써 중요하게 그려진다.

제이크는 양의 기억을 추적하는 과정에서 뒤늦게 양이 어떤 존재였는지를 깨닫고, 미안한 마음을 가졌을 것이다. 미카 역시 뒤늦게 양에게 미안함과 고마움을 표현한다. 양이 없는 허전한 집에서 미카와 함께 소파에 앉아 노래를 부르며 영화는 끝이 난다.

이 영화의 전개는 느리고 심플한 듯하지만 장면들이 밀도가 높고, 함의들이 많아서 곱씹을수록 내 안에서 꽃을 피운다. 많은 SF 영화에서 화려한 CG로 돈을 퍼붓고, 자극적인 장면으로 넘쳐나는데, 자리에서 일어나자마자 다 휘발되고 한 줌도 남지 않는 경험을 한다. 〈에프터 양〉은 반대로 그저 일상적이고 평범한 숏들로 연결되어 있지만, 스토리텔링과 숏을 연결하는 감각으로 보는 이의 마음을 충만하게 만든다. 이 영화는 능숙하게 잘 짜여진 서사 안에 미래의 풍경을 담아내면서도, 영화의 본질이 무엇인지를 탐구하고, 가장 순수한 영화의 형태를 보여 주기 때문이다.

〈나이트 크롤러〉, 고통을 전시하는 뉴스의 딜레마

"당신은 파트너가 죽는 것까지 찍었어."

혼히 뉴스라고 하면, 품격 있고 객관성이 담보된 것으로 생각한다. 그래서 과거엔 예능이나 영화를 보는 것보다 뉴스를 시청하는 것이 더 수준 높고 현명하다는 시선도 있었다. 방송 장르에 따라 가치의 서열이 있었던 셈이다. 이에 따라 대부분의 사람들에게 뉴스는 드라마에 비해 거리감을 느끼기도 했다. 하지만 최근 뉴스는 소셜 미디어 시대를 만나며 과거에 비해 우리에게 더 가까워지고, 소비 시간도 늘어났다. 사람들은 틈만 나면 지금 이슈가 되는 뉴스를 찾아본다. 시민들의 뉴스 이용 시간이 늘어난 건 긍정적이지만 보도되는 뉴스의 질에 대해 생각해 볼 필요가 있다. 언론 역시도 시청률과 유튜브 조회 수를 고려할 수밖에 없는 미디어이기에 점점 더 자극적인 보도와 논란을 부추기는 기사, 낚시성 헤드라인이 넘쳐난다. 특히 요즘은 콘텐츠 과부하의 시대라 사람들의 시선을 끌기 위한 경쟁이 더 심해졌다. 범죄 보도도 더 자극적으로 그려 내고 작은 논란을 더 크게 만들고, 유명 연예인의 사건도 필요 이상으로 노출되는 경우도 많다. 다시 말하면 '고통을 전시하는 시대'라고 말할 수 있겠다.

영화 〈나이트 크롤러, 2015〉를 보면 뉴스 보도의 맨살을 보게 된다. 주인공 루이스(제이크 질렌할)는 우연히 교통사고 현장에서 사고 현장을 카메라에 담아 언론에 팔아넘기는 '나이트 크롤러'라는 존재를 알게 된다. 루이스는 즉시 캠코더와 무전기를 구입해서 그 일에 뛰어든다. 유혈이 낭자하는 끔찍한 사고 현장을 생생하게 촬영해서 첫 거래에 성공한 루이스는 지역 채널의 보도국장의 지지를 받게 된다. 여기서 아이러니가 발생하는데, 보도국장은 점점 더 자극적인 영상을 원하고, 루이스는 이를 충족시켜 주며 함께 승승장구한다. 루이스의 일에 대한 열정은 점점 집착이 되고 광기가 흘러넘치며 넘지 말아야 할 선을 넘는 지경까지 이르게 된다.

이 영화를 볼 때면 사고 현장을 카메라에 담아야 하는 뉴스 기자의 딜레마와 시청률을 외면할 수 없는 뉴스 보도의 딜레마, 그리고 모든 사람이 손에 카메라를 들고 살아가는 시대에 대한 성찰 등 다양한 생각을 하게 만든다. 사실 뉴스가 사고 현장을 담아서 보도하는 것은 전 국민들이 이 영상을 보고 경각심을 갖도록 하기 위함인 것이 원칙이다. 하지만 촬영을 하는 입장에서는 이왕 찍는데 더 좋은 그림을 담기 원하고, 더 자극적인 이미지로 시청자를 사로잡기를 원하게 된다. 그런 상황에서 윤리적 딜레마가 생긴다. 지금 바로 위험에 빠진 사람을 도울 것인가, 아니면 카메라에 담는 것이 우선인가. 눈앞에 사람이 죽어 가는데, 도움이 필요한 사람을 그저 피사체로 여기고 좋은 구도에 대해 고민하는 딜레마.

만약에 화재와 같은 재난 상황을 취재하는 기자라고 생각을 해 보자. 가는 길에 어떤 생각을 할까? 사람들의 안전을 걱정하면서도, 너무 불이 금방 꺼져서 찍을 소스가 없는 것에 대해서도 아쉬운 마음을 가지지 않을까? 그래도 이런 자기 성찰이라도 하는 기자라면 훌륭하다.

영화 속 루이스는 그런 윤리적 고민조차 하지 않는 사이코패스적인 인물이다. 세상에 벌어지는 사고 현장을 오로지 그림이자 풍경으로 여긴다. 지금 내 옆에 한 사람이 죽어 가는데, 돕기보다는 줌zoom을 당기며 촬영에 집중하는 모습을 볼 때면 소름 끼치고 그가 어떤 인물인지를 보여 준다. 더 아이러니한 것은 그 영상을 받은 보도국장은 시청률이 잘 나올 거라며 기뻐한다는 것이다. 그것이 뉴스의 윤리성에 어긋남에도 불구하고, 높은 시청률의 유혹을 이겨 내기는 쉽지 않다.

루이스의 집착은 점점 광기로 변하고, 브레이크가 고장 난 상태로 달리는 차처럼 점점 더 위험한 행동을 하게 된다. 루이스가 악마가 되는 데에는 개인적인 문제일 수도 있지만, 자본주의 사회 구조가 더욱 부추긴 면이 있다. 적나라한 사고 영상을 카메라에 담아올수록 영상의 가치가 더 높게 거래가 되기 때문이다. 만약 보도국장에게라도 윤리적 기준이 있었다면 저지가 되었을 텐데, 그녀는 윤리성보다는 시청률을 더 중요하게 여겼기에 루이스의 내면에 있는 악마성을 더 키우는 역할을 한다.

영화는 뉴스에 대한 이야기를 하고 있지만, 영상 콘텐츠를 만드는 모든 이들에게 고민거리를 준다. 사실 영화도 자극적일수록 더 시청률이 높은 게 사실이다. 그러다 보니 범죄 영화나 OTT 드라마를 보면 필요 이상으로 폭력적이고 자극적인 장면을 많이 넣는 것을 볼 수 있다. 정서가 중요한 장면은 대충 넘어가고, 자극적인 묘사에 에너지를 쏟는다. 예능에서도 범죄 관련 콘텐츠가 많이 만들어진다. 또 지금은 유튜브의 시대에 누구나 이런 고민을 하게 된다. 소셜 미디어의 자극성에 대해서는 오래전부터 지적되어 왔다. 크리에이터들이 유튜브 조회 수를 위해서 윤리성을 내던지고 무엇이든 하는 시대이다. 게다가 유튜브는 게이트키퍼 없이 무방비하게 노출되기에 사회를 더 혼란스럽게 만드는 면도 있다. 범죄에 대한 경각심을 주기 위함이라고 말은 하지만, 조회수를 높이기 위한 욕망이 내면 깊이 자리 잡고 있다는 것을 부정하기는 어려울 것이다. 영화에서도 루이스가 찍어 온 영상으로 보도국장과 거래를 하는 장면이 여러 번 나오고, 꽤나 무게 있기 그려지는데 자본주의 사회의 아이러니를 잘 보여 주는 장면이다. 심지어 마지막에는 루이스는 자신의 직원이 죽는 모습을 카메라에 담아 오고 보도국장은 그 영상이 놀랍다며 감탄을 한다.

돈이 최고의 가치로 여겨지는 자본주의의 시대에 인간성을 지키는 것이 위협을 받고 있다. 모든 가치가 다 '돈이 되는가?'로 귀결된다. 이런 시대에 순수한 동기를 가진 사람들의 삶이 위태로워지고, 잔인하고 폭력적인 사람이 오히려 성공하게 되며 세상은 점점 더 나빠지게 된다. 영화의 엔딩에서 루이스는 사업이 번창해서 여러 직원을 거느리는 대표가 된다.

지금 시대는 타인의 고통이 콘텐츠가 되었다. 디지털 시대에 그 고통은 풍경처럼 전시되고, 사람들의 감각은 점점 더 무뎌진다. 더 자극적인 이미지에만 반응하게 되는 것이다. 과거에는 영화를 보며 그런 자극을 즐겼다면, 디지털 시대의 현대인들은 뉴스 쪽으로 관심이 옮겨진 듯하다. 영화는 가상현실이지만, 뉴스는 실제 현실이기에 더 자극적이다. 극장을 가는 영화 관객이 점점 줄어드는 원인이 여럿이겠지만, 뉴스 보도의 자극성과도 무관하지는 않을 것이다. 현실에서 온갖 충격적이 사건이 일어나는데, 오히려 영화가 순진하고 밋밋하게 느껴질 때가 있다. 디지털 미디어에 둘러싸인 인간의 현실 감각은 점점 떨어지게 된다. 미디어에 의해 주입된 세계관이 우리 안에 자리 잡는 것이다. 뉴스를 많이 볼수록 세상을 더 위험한 세상으로 여길 수 있다. 뉴스에 폭력 보도가 많은 것은 우연은 아닐 것이다. 물론 위험을 경계하는 건 좋은 태도이지만, 지금은 그것이 너무 과해서 자신 말고는 어느 누구도 믿지 않는 태도가 커지고 있고, 삶이 점점 위축되며, 자신과 생각이 다른 이들을 향한 혐오도 커진 시대다. 엘리베이터 안에 남녀가 같이 있으면 설레어야 하는데, 현대인들은 혹여나 저 사람이 나를 해하지 않을까 염려한다. 이런 현상이 언론을 비롯한 미디어와 무관하지는 않아 보인다. 서로에 대한 불신이 커지다 보니 소통이 점점 더 어려워지고, 사람을 만나는 것에 대한 스트레스도 커신다. 그런 와중에 인간다움을 지키려 노력하고 여유 있는 미소를 지으며 다정한 태도를 보이는 사람을 만나면 반갑고 소중하고 눈물이 난다.

소셜 미디어 시대에 뉴스는 점점 더 윤리 의식을 저버린 듯이 느껴지고, 세상을 더 혼란스럽게 만드는 주범이 되고 있다. 사람과 사람 간의 혐오를 조장하고, 우리의 세계관을 더 편협하게 만든다.

사실 뉴스를 만드는 사람에게 모든 탓을 할 수는 없고, 뉴스를 이용하는 자들도 더 현명해질 필요가 있다. 이용자들이 자극적인 뉴스를 중심으로 소비하기 때문에, 만드는 사람들도 그 수요를 충족시키기 위해 더 자극적인 이미지를 생산할 수밖에 없다. 만약 균형 잡힌 사고를 일깨워 주는 뉴스 기사를 보길 원하는 사람이 많아진다면 뉴스 생산자들도 변할 것이다. '이런 일이 가능할까?'라고 의문을 표하는 사람도 있을 것이다. 하지만 영화 분야를 생각해 보면 불가능하진 않아 보인다. 영화 분야도 사실 관객수를 모으기 위해서 자극적인 사건과 이미지를 전시하고, 서사의 밀도나 예술성은 무시하는 제작자가 많았다. 하지만 좋은 평론가나 커뮤니케이터들의 역할로 인해 관객의 취향과 수준이 높아지면서, 영화 산업의 지각

영화 인문학 콘서트

변동이 일어나기 시작하였다. 더 좋은 영화를 보기 원하는 것이다. 그러니 과거의 성공 경험을 바탕으로 지금 다시 같은 방식으로 영화를 만들면 대부분 망하고 있다. 관객의 수준이 변했기 때문이다. 뉴스 소비를 함에 있어서도 그것을 분별력 있게 보도록 도움을 주는 좋은 교육 콘텐츠가 많이 필요할 것이다. 또 뉴스를 비롯해 영상 이미지를 비판적으로 성찰하는 미디어 리터러시 교육도 교실 안에 더욱 다양하게 이루어지길 바란다.

그러나 결국 가장 큰 책임은 생산자에게 있다는 점을 강조하고 싶다. 미디어 이용자는 아무리 공부를 많이 하고, 날카로운 지성을 소유한다 하더라도 주어진 미디어 환경의 영향을 벗어나긴 어렵다. 이미지는 세상을 바라보는 특정한 방식을 구현하고 있고, 그 미디어 속 세계관이 현대인들에게 뿌리 깊게 영향을 미친다. 인간이 미디어의 영향을 벗어난다는 것은 마치 물고기가 물 밖으로 나오는 것처럼 어렵다. 결국 이런 미디어의 속성을 잘 이해하는 좋은 콘텐츠 생산자의 책임과 윤리가 중요하다. 자본주의 가치가 극대화된 시대에 이런 건강한 가치를 소유하는 게 어렵고, 순진한 생각이라고 비판받을 수 있겠지만 그래도 강조할 수밖에 없다. 특히나 우리가 세상을 이해하는 데에 가장 큰 영향을 주는 뉴스 생산자의 윤리성은 무엇보다 중요할 것이다.

〈더 랍스터The Lobster〉, 시스템과 자연 사이에서

"45일 안에 짝을 찾지 못하면 동물이 됩니다."

요르고스 란티모스 감독은 독특한 세계관과 개성 있는 서사로 주목받는 감독이다. 그의 개성과 영화적 비전이 가장 잘 드러난 작품이 〈더 랍스터The Lobster〉라 생각한다. 우화적인 스토리텔링을 담고 있으면서도 그리스 비극의 주제가 서사 아래에 내재하고 있어 묵직한 울림을 준다.

〈더 랍스터〉는 한 호텔을 배경으로 그려지는데, 결혼하지 못한 사람들이 이곳에 모이고, 45일 안에 짝을 찾아야 하는 미션이 주어진다. 그 안에 짝을 얻지 못한 사람은 동물로 개조돼 영원히 숲속에 버려진다. 짝이 없으면 사람 취급을 받지 못하는 환경이다. 그리고 짝을 찾은 이들은 다시 도시로 돌아갈 자격이 주어진다. 주인공 데이비드(콜린 파렐)는 아내에게 버림받아 이 호텔에 오게 된다. 과연 그는 기간 안에 짝을 찾을 수 있을까?

줄거리를 보면 블랙코미디이자 잔혹 동화 같은 느낌이다. 〈더 랍스터〉는 일반적인 SF 영화와 다르게 '은유로써의 세계'를 그린다는 점에서 어른들을 위한 동화 같고, 다양한 해석이 가능한 작품이다. 영화를 오로지 리얼리티의 관점에서만 보는 이들은 그의 영화에 적응하지 못하고 싫어할 수 있다.

요르고스 란티모스 감독의 영화에서 공간은 중요하다. 주로 이분법적 세계관이 그려지는데, 이 영화에서는 호텔과 자연의 대비가 주를 이룬다.

호텔은 안전하지만 가혹한 규칙이 뒤따르는 시스템이다. 그곳의 규칙은 흥미로운데, 입소자들은 자위행위를 할 수 없고 바지 지퍼를 자물쇠로 잠가 놓기까지 한다. 혹여나 발각될 경우 달궈진 토스트기에 손을 넣는 고문을 받게 된다. 호텔 여직원이 남자 입소자의 성기에 엉덩이를 갖다 대며 건강 테스트를 하기도 한다. 호텔 안에서 다양한 커플 교육을 받게 되는데, 커플이 솔로보다 생존에 도움이 된다는 메시지를 상황극의 형태로 우스꽝스럽게 보여 준다.

호텔 안에서 벌어지는 일은 기이하면서도 그렇다고 아주 낯설지는 않다. 왜냐하면 국내에서 짝을 찾는 콘텐츠는 늘 인기가 많기 때문이다. 한 공간 안에 청춘 남녀를 모아 놓고 짝을 찾는 과정을 지켜보는 리얼리티 쇼는 흔하게 볼 수 있다. 일반적인 짝짓기 프로그램에서도 어느 정도의 서바이벌적인 요소와 긴장감은 존재한다. 그런데 이 영화는 거기에 멈추지 않고, 은유의 세계로써 더 극단적인 세팅을 한다. 낭만과 폭력성이 동시에 존재한다. 짝을 찾지 못해 동물로 변한 입소자를 총으로 쏘는 장면은 보는 이의 마음을 서늘하게 만든다. 어찌 보면 개인의 취향과 독특성이 허용되지 않는 '전체주의적 세계관'을 보여 주는 공간이라고 할 수도 있다. 예외는 허용되지 않는다.

데이비드는 시스템에 적응하기 위해 억지로라도 한 여자와 짝을 이루려고 노력했으나 실패한다. 그녀를 사랑하지 않는다는 것을 들킨 것이다. 결국 둘 사이에 싸움이 일어나 아내를 죽이게 되고, 그는 호텔을 벗어나 숲으로 도망친다. 숲은 호텔과는 대비되는 공간이다. 숲에는 커플을 거부하고 혼자만의 삶을 선택한 솔로들이 모여 살고 있다. 얼핏 보면 자유로워 보이지만, 그곳도 엄격한 규칙이 있다. 절대 사랑에 빠지면 안 된다는 것이다. 자위행위는 할 수 있지만, 이성에게 수작 부리는 모습이 발각되면 가혹한 벌을 받게 된다. 춤도 혼자 추어야 한다. 그래서 일렉트로닉 음악만 듣는다. 아이러니하게도 데이비드는 이곳에서 진짜 사랑하는 사람을 만난다. 두 사람은 둘만의 암호로 대화를 나누고, 도시로 도망칠 계획을 세운다.

그런데 하필 숲 무리의 대장이 여자의 일기장을 발견하여 두 사람이 사랑에 빠진 걸 알게 된다. 내장은 이에 내한 벌로 여사를 병원으로 네려가 장님으로 만들어 버린다. 데이비드는 그녀와 숲을 빠져나와 도시로 도망치긴 하지만, 사랑을 이어 가기 위해선 자신도 장님이 되어야 한다. 영화의 설정이 남녀가 공통점이 있어야 사랑할 수 있게 되어 있다. 데이비드는 스테이크 나이프를 들고 화장실로 들어간다. 칼로 눈을 찌르려 하지만 확신이 없고 손이 떨린다. 그리고 영화는 끝이 난다. 영화는 결과를 보여주지 않고, 관객이 스스로 결말을 만들어 가도록 공을 던진다. 그는 어떤 선택을 했을까?

요르고스 란티모스 감독의 대부분의 영화에서 그렇듯이 이분법적 세계를 그리는데 호텔의 공간과 숲의 공간을 대조를 이룬다. 호텔은 근대화의 상징이면서 폐쇄된 공간이다. 인간에게 안전을 제공하지만, 자신을 속여야 하는 위선이 존재하고, 무엇보다 다양성이 허용되지 않는 규칙은 폭력적이다. 영화 속 폐쇄된 공간의 설정은 요르고스 란티모스 감독의 영화에서 지속적으로 등장하는 모티프이다. 그의 개성 있는 초기작인 〈송곳니〉에서도 폐쇄된 가정에서 자라나는 자녀들의 모습을 그린다. 자녀들은 집

영화 인문학 콘서트

밖을 나가지 못하고, 그 안에서 왜곡된 지식을 주입받는다. 엉터리 교육으로 자녀들의 세계관은 뒤틀려 있다. 그 중에 첫째 딸은 그 집을 탈출하는 것으로 영화가 끝이 나는데, 〈더 랍스터〉는 한 발 더 나아가 탈출 이후의 세계를 그린다고 볼 수 있다.

그렇다고 호텔을 벗어나면 자유를 찾을 수 있는가? 꼭 그렇지도 않다. 숲의 공간은 자유로운 듯하지만, 역시나 폭력성이 존재한다. 숲속 대장의 리더십은 호텔만큼이나 잔인하다. 사랑에 빠진 여인을 장님으로 만드는 장면은 그녀가 어떤 인물인지를 보여 준다. 그들은 스스로의 모순을 들여다보기를 외면하고 다른 사람의 모순을 지적하는 것에서 존재 의미를 느낀다. 숲에서 살아가는 외톨이들의 독특한 활동이 있는데, 호텔에 몰래 잠입해서 도시 사람들의 위선과 거짓 사랑을 증명하는 것이다. 대장은 호텔 관리자 커플에게 찾아가 자신이 살기 위해선 상대를 죽여야 한다는 딜레마적 상황에 빠트리고, 결국 그들은 낚이게 된다. 사실 총알이 없었다. 아마도 그 부부는 평생을 서로를 신뢰하지 못하게 살아갈 것이다. 그 상황에서 대장은 짜릿한 미소를 짓는다.

영화가 그리는 두 세계는 어느 곳도 이상적이지 않다. 둘 다 장점과 단점을 동시에 기지고 있고, 진실과 모순을 다 내재한다. 둘 다 인간에게 진정한 자유와 구원을 안거다 주지 못한다. 그럼에도 불구하고 하나의 삶을 선택해야 하는 것이 지구에 태어난 인간이라면 피할 수 없는 숙명인 것이다.

영화 속 은유를 관객들은 자신만의 방식으로 해석할 수 있다. 그리고 거기에 정답과 오답은 없다. 서로의 생각을 나누는 것 자체로 의미가 있다. 현실은 복잡한데, 교과서나 시험은 복잡함을 외면하고 단순화시키는 경우가 많다. 그러나 좋은 영화는 정답을 내릴 수 없는 딜레마적 상황을 통해 현실의 복잡함을 깨닫게 해 준다. 〈더 랍스터〉의 해석은 영화를 본 관객 수만큼 다양한 해석이 가능할 것이다. 자신의 경험에 빗대어 영화를 보게 되기 때문이다. 영화가 결혼 시스템에 대한 부조리함을 이야기할 수도 있고, 전체주의적 세계관을 비판하는 접근도 가능하다. 또 데이비드와 근시 여인의 사랑에 포커스를 맞추어 진정한 사랑이란 무엇인지도 생각할 수 있을 것이다. 또 정규직으로서의 삶과 프리랜서로서의 삶의 차이로도 해석할 수 있다. 그리고 폐쇄된 공간에서 왜곡된 가르침을 주는 사이비 종교 집단으로 해석하는 것도 가능할 것이다. 그리고 이 영화의 신화적인 면에 집중해서 현대판 오이디푸스 스토리로 받아들이는 것도 좋다. 관객 자신의 관심사와 현재 처해 있는 상황에 따라 해석하도록 이 영화는 열어 놓는다.

요르고스 란티모스 감독은 최근작 〈가여운 것들〉도 주목할 만하다. 자신이 추구하던 미학을 최고치로 극대화하면서도 한 편의 성장 영화를 그려 낸다. 거대한 자본의 도움으로 영상미는 더욱 아름다워졌다. 〈더 랍스터〉와 함께 〈가여운 것들〉을 본다면 감독의 세계관과 미학을 이해하는 데에 큰 도움이 될 것이다.

영화 인문학 콘서트

〈그랜토리노〉, 어른스러운 서사에 관하여

"널 친구로 두어서 자랑스럽다. 이제 네 인생을 살아라."

클린트 이스트우드 감독은 평생을 쉬지 않고 영화를 찍으면서도 좋은 작품을 만들어 내어 영화인들의 존경을 받는 배우이자 감독이다. 그의 영화는 젊은 감독이 흉내 낼 수 없는 남다른 삶의 깊이가 담겨 있어 큰 울림을 준다. 그중에서 〈그랜토리노〉는 클린트 이스트우드의 영화 중에 가장 사랑받는 작품 중 하나이다. 이 영화는 고전스럽고 품격 있는 연출과 성숙한 주제의식을 담고 있어 여러 방면으로 숙고할 만한 가치가 있다.

주인공 월트(클린트 이스트우드)는 자동차 공장에서 은퇴한 이후 무료한 일상을 보낸다. 그는 무신론자에 인종차별주의자다. 표정은 항상 굳어 있고 불만이 많은 표정인데, 특히 자유분방하고 버릇이 없는 자녀 세대에게 특히 그렇다. 다정함과는 거리가 먼 인물이고, 항상 자신의 유산을 탐내는 가족들이 밉다. 아내를 잃은 자신에게 위로를 해 주기 위해 다가오는 젊은 신부에게도 구원을 남발한다며 무시한다. 일반적인 영화의 주인공이라고 하면 호감 가는 주인공을 만들기 마련인데, 이 영화에서 월트가 초반에 보여 주는 모습은 호감과는 거리가 멀다.

그런 월트에게 새로운 친구가 생기는데, 놀랍게도 평소에 가장 편견을 갖고 바라보던 옆집 동양인 남매다. 하루는 옆집 동양인 타오가 자신의 차 그랜토리노를 훔치러 오게 되면서 두 사람의 만남이 시작된다. 처음은 원수 관계이지만, 타오도 불량배가 시켜서 저지른 일이라 미워하기보다는 연민을 갖는다. 또 그의 누나 수가 길에서 불량배에게 당한 걸 구해 준 인연이 있기도 하다. 처음에는 타오를 심부름꾼으로 쓰다가, 그에게 애정을 갖게 되어 남자다운 어른으로 자랄 수 있도록 개인 교습을 한다. 과거에 한국전에 참전해서 소년을 죽인 것에 대한 죄책감도 영향을 준 것으로 보인다. 속죄의 마음으로 동양인 소년에게 대가 없는 사랑을 베푼다.

월트와 옆집 남매가 좋은 친구가 되어 가는 중에 농네 갱들의 난농은 점점 심각해진다. 하루는 타오가 취업을 하게 되어 행복한 날, 갱들은 타오를 괴롭힌다. 월트는 분을 참지 못하고, 갱들을 찾아가 주먹을 날리며 다시는 타오를 건드리지 말라고 경고를 한다. 하지만 그 일이 화가 되었다. 갱들은 또다시 복수를 위해 총을 들고 찾아와 타오의 집을 산산조각을 내고, 심지어 수를 성폭행한다. 이제 완전 선을 넘었다.

월트는 분노를 참지 못한다. 평소 같았으면 바로 총을 들고 찾아갔을 텐데 이번에는 태도가 다르다. 냉정을 유지하려는 모습이다. 그는 깊은 생각에 잠기더니, 다음 날 늘 무시했던 젊은 신부에게 고해성사를 한다. 그리고 분노심에 가득 차 있는 타오를 창고에 가둬 놓고 혼자 갱들의 집에 찾아간다. 갱들은 총을 들고 월트를 위협한다. 그 때 월트는 이웃 주민들이 보는 앞에서 총을 꺼내는 시늉을 한다. 그러자 갱들이 월트에게 총으로 난사를 한다. 하지만 월트의 손엔 라이터였다. 결국 주민들의 신고로 경찰이 오고 갱들은 현행범으로 체포된다. 그 모든 것이 월트의 계획이었다. 자신은 무기가 없는 데다가 수많은 증인들이 있었기에 갱들은 강도 높은 처벌을 받는다. 월트는 자신의 목숨을 대가로 이웃을 구원한다. 그 이웃은 또 자신이 과거에 편견을 갖고 대했던 동양인 남매이다. 유일하게 진실한 대화를 나눴던 별 볼 일 없는 아이들을 위해 그는 희생한다.

월트의 희생은 마치 성서에 등장하는 신의 사랑과 같다. 예수가 이방인들의 구원을 위해 자신이 기꺼이 십자가에 못 박힌 것과 같이, 월트는 미국인이 아닌 이민자를 위해 자신을 희생한다. 또한 이 마지막 장면에서 보여 준 월트의 선택은 클린트 이스트우드라는 노장의 배우가 어른의 성숙함을 보여 주는 장면이기도 하다. 그래서 많은 저널리스트들이 그의 영화를 '성숙한 보수주의자의 영화'라고 평가하기도 한다.

주로 젊은 감독들은 복수극을 다룰 때에 '자력 구원'의 서사를 보여 준다. 박찬욱 감독의 〈친절한 금자씨〉도 그렇고, 봉준호 감독의 〈마더〉 역시도 마찬가지다. 시스템을 신뢰하지 않고, 주인공 스스로가 구원하기를 선택한다. 이런 서사는 감독이 세상을 바라보는 세계관이기도 하면서도, 동시에 더 흥미로운 스토리텔링이기도 하다. 나약한 인물이 위험 속으로 들어가는 장면이 영화적 재미를 주는 요소이기 때문이다. 하지만 〈그랜 토리노〉는 시스템을 활용한 복수의 결말을 보여 준다. 자칫하면 교육 드라마가 될 수도 있지만, 클린트 이스트우드라는 배우가 가지고 있는 캐릭터와 섬세하게 짜여져 있는 시나리오 덕에 더 울림이 큰 결말이 되었다. 주머니에서 무언가를 꺼내는 모션은 초반에서도 보여 주었기에, 마지막에 그 모션이 하나의 페이크fake가 될 수 있었다. 서사적으로도 완성도가 높다.

월트는 그 일을 치루기 전 월트에게 훈장을 달아 주고, 마지막 유언으로 가족들 대신 그에게 그랜토리노를 물려준다. 한없이 나약하고 보잘것없는 타오는 월트의 희생과 사랑으로 새롭게 태어난다. 마지막에 보여 주는 그의 얼굴은 처음과 다르다. 더 어른스럽게 성장한 모습이 풍긴다. 이런 월트의 사랑은 이방인을 구원한 신의 사랑을 은유하면서도, 월트 자신이 미국의 상징으로 그려지기에 동양인에 대한 인종차별을 했던 미국의 반성을 드러내는 감동스런 결말이다.

〈소공녀〉, 취향이 있는 삶을 위하여

"오빠, 아무리 가난해도 취향은 있어."

아비투스habitus란 말이 있다. 그것은 "타인과 나를 구별 짓는 취향"을 말한다. 인간이란 존재는 신비한 것이 단순히 생존을 위해서만 사는 것이 아니라 취향이 존재한다. 누군가에게는 그 취향을 완성하는 게 삶의 목적이 되기도 한다. 아무리 인간이 동물과 다를 바 없다고 하더라도, 인간만의 고유함을 부정해서는 안 된다. 지금 시대는 문화와 취향의 요소가 삶의 질에 중요하게 자리 잡고 있다.

안타까운 것은 취향이 계층 및 사회적 지위의 결과로 나타나는 경우가 많다는 점이다. 경제적 여유와 사회적 지위가 높을수록 문화 예술을 더 풍성하게 향유할 수 있게 된다. 가난한 사람을 그럴 수 없다. 아무리 지금 시대가 좋아졌다고 하더라도 빈부격차가 워낙 크다 보니 문화 예술은커녕 여전히 오늘 하루를 버티며 살아가는 사람도 많다. 지금 소개할 영화의 주인공도 마찬가지다.

영화 〈소공녀〉의 주인공 미소(이솜)는 파릇한 20대이지만 삶은 힘겹다. 약을 먹지 않으면 머리가 백발이 되는 병을 앓고 있고, 가사도우미 일을 하며 월세로 살며 겨우 생계를 유지한다. 집에 쌀이 없어 친구에게 도움을 청하기도 한다. 요즘에도 쌀이 없는 사람이 있는지 의문을 갖는 사람이 있을지 모르겠다. 하지만 이게 현실이다. 돈이 너무 많아서 써도 써도 부족함이 없는 사람이 있는 반면, 오늘 밥 한 끼 먹기도 어려운 청년도 있다. 윗세대들은 부동산 하나씩은 가지고 있어서 밥 못 먹을 걱정은 안 하겠지만, 젊은 세대는 그것마저 없다. 대학생 때까지는 낭만을 누렸지만, 졸업 후에는 맨바닥에 던져진 신세다.

미소는 월세를 내고 나면 남은 돈은 거의 없지만, 위스키 한 잔과 담배 한 모금은 포기할 수 없다. 그녀의 취향이자, 스스로를 위안하는 가장 큰 행복이다. 남자 친구도 있긴 하지만 우아하게 데이트 한번 하지 못한다. 하루는 오랜만에 사랑을 나누려고 했지만, 방이 추워서 포기한다. 보일러 비도 낼 돈이 없는 탓이다.

그러던 어느 날 그녀에게 가장 큰 위기가 찾아온다. 집주인이 월세를 올리는 것이다. 미소는 고민에 빠진다. 이 월세를 내면 자신의 가장 큰 행복인 위스키와 담배를 포기해야 하기 때문이다. 그것은 곧 자신의 존엄성을 포기하는 일이다. 미소는 결국 집을 나오기로 한다. 그리고 대학 때 밴드부로 함께했던 선후배에게 도움을 구하기 위해 긴 여정을 떠나게 된다.

미소의 선택은 일반적이지 않다. 보통의 사람이라면 집을 가장 우선순위에 둘 것이다. 하지만 미소는 취향을 더 중요하게 여긴다. 가난하더라도 아비투스habitus가 있는 삶을 선택한다. 어떤 사람은 그런 미소의 선택이 철없다고 여길 것이고, 어떤 사람은 그녀를 응원할 것이다. 여러분은 어떤가? 나는 응원하는 쪽이다. 가난하다고 해서 취향을 포기해야 하는가? 물론 그런 면에 둔감한 사람들도 있다. 하지만 문화 예술 감수성이 큰 사람에게 취향을 포기하라는 건 마치 인간다움을 포기하라는 것과 마찬가지다. 그렇게 미소의 (뻔뻔한?) 여정은 시작된다.

미소의 여정에서 흥미로운 점은 겉으로는 그녀가 신세를 지는 모습이지만, 사실 본질에서는 반대로 미소가 그들을 구원하고 있다는 점이다. 친구들은 결혼도 하고, 그럴 듯한 집에서 살고 있지만, 마음속에 공허함과 상처를 안고 살아간다. 미소는 그들을 위로해 주고, 맛있는 음식을 차려 놓고 떠난다. 미소가 여정 속에서 가장 위기를 맞이하는 순간은 나이가 찬 선배가 느닷없이 결혼하자고 고백할 때다. 심지어 그의 부모도 전략을 짜서 두 사람이 한 방에서 자게 만들고, 집 문을 다 잠가 놓는다. 미소는 선배에게 솔직하게 말한다. **"아무리 가난해도 취향은 있어."**라고. 이 대사 한마디가 영화 전체를 관통하는 주제이자 메시지다. 아무리 가난해도 주체성과 취향을 포기하고 살 수는 없는 노릇이다. 그건 죽은 것과 다름없다. 이는 영화 〈베테랑〉에서 형사 황정민이 했던 대사와 유사한 느낌이다. **"내가 돈이 없지, 가오가 없냐?"**

미소는 다행히 열린 문을 발견해서 집을 탈출하게 된다. 결국 미소는 어느 누구의 집에도 머물지 못하고 떠돌이 신세가 된다. 그런 와중에도 미소는 위스키 한 잔과 담배 한 모금은 지키고 있다.

김정운 교수가 한 강연에서 인간이 돈을 버는 목적은 "취향을 완성하는 것"이라는 말을 해서 흥미로운 통찰이라는 생각이 들었던 적이 있다. 지금처럼 돈이 가장 중요하게 여겨지는 시대에 취향을 완성해 가는 삶은 왠지 더 숭고하고 아름답게 느껴진다.

미소는 밴드부에서 인연을 맺었던 선후배 집에 찾아가는데, 모두 집은 있지만, 더 소중한 것들을 잃은 모습을 보여 준다. 남편과 시부모 밥해 주는 데 시간을 다 써야 해서 자신은 사라진 주부, 결혼하고 신혼 아파트도 샀지만 진짜 내 집이 되기 위해선 수십 년 빚을 갚아야 하는 남자 후배, 궁전 같은 으리으리한 집에서 결혼해서 살고 있지만 남편과 친밀한 소통이 부재하는 여자 선배의 모습을 영화는 그린다. 사회가 정해 놓은 규격화된 삶의 공허함을 영화는 유머러스하게 보여 준다. 영화 속 인물들이 살아 있고, 코믹한 요소가 있어서 이런 사회적 메시지를 놓칠 수 있는데, 이 영화를 곱씹을수록 깊은 인문학적 성찰을 가능케 한다. 미소는 그들에게 신세를 지러 갔지만, 오히려 그들을 위로하고 구원자가 된다. 영화 〈소공녀〉는 '구원의 서사'를 담고 있다. 미소는 그저 자신의 취향을 지키려는 평범한 청년이기도 하지만, 현대인들의 상처를 어루만져 주는 메시아의 메타포metaphor다. 가난하지만 자신의 취향을 지키려고 애쓰고, 가장 인간다운 모습을 보여 주었던 미소의 삶은 그 자체로 우리에게 묵직한 울림을 준다.

영화 인문학 콘서트

〈노인을 위한 나라는 없다〉, 코엔 형제가 그리는 부조리극

"동전으로 결정 못 해요. 당신이 결정해야죠."

걸작이라 불리는 좋은 영화를 보면 감독이 바라보는 세계관이 담겨 있기 마련이다. 서사와 미장센을 통해 그 세계관을 녹여 낸다. 영화 〈노인을 위한 나라는 없다〉를 보면 감독이 바라보는 이해할 수 없는 세계, 예측이 불가능한 잔혹하고 부조리한 세계를 조용하면서도 강렬하게 그려 낸다. 감독은 이런 끔찍한 세상을 바라볼 때 "과연 신의 섭리는 있는가?"라고 질문하는 것 같다. 그리고 이해할 수 없는 악의 본질을 탐구한다.

주인공 르웰린은 사냥을 나가다가 우연히 총격전이 벌어져 시체만 남아 있는 사고 현장을 목격한다. 치명상을 입은 멕시코인 한 명만 겨우 살아남아 있다. 그는 물을 요구하지만 르웰린은 무시한다. 그리고 주변을 살피다가 돈가방을 발견하고 집으로 돌아가게 된다. 집에는 사랑스런 아내가 기다리고 있다. 르웰린은 무언가 죄책감이 느껴졌는지 물을 들고 다시 사고 현장에 찾아간다. 하필 그때 다른 갱들이 도착해 주인공은 추격을 당한다. 여기에 아이러니가 있다. 르웰린은 동정심에 선한 의도를 가지고 사고 현장에 찾아가는데 그게 오히려 화로 돌아온다.

한편 안톤 시거라고 하는 악랄한 범죄자가 있다. 돈을 위해서는 살인도 서슴지 않는 연쇄살인마다. 그는 자신을 돕기 위해 차를 세운 사람을 죽이고 그 차를 훔쳐 돈가방을 찾아 떠난다. 여기에서도 역시 부조리함이 엿보인다. 연쇄살인범의 희생자가 되는 이들이 그를 돕기 위해 차를 세운 사람들이다. 타인에게 선의를 행하려 하고 인간다움을 보여 주는 이들이 오히려 희생양이 되는 것이다. 반면 안톤 시거는 사람을 죽일 때 그 어떤 동정심도 느끼지 않고, 동물을 쏘듯이 머리에 총알을 박는다. 그는 돈가방을 가지고 있는 르웰린을 추적한다.

이 둘을 쫓는 노인 보안관 에드 역시도 주요 인물이다. 영화의 첫 내레이션과 마지막 대사를 말한다는 점에서 감독의 생각을 가장 많이 대변하는 인물일 수 있다. 그는 세상이 이렇게 잔인하게 변한 것에 대해 안타까워하며 르웰린과 안톤 시거를 쫓는다. 하지만 연쇄살인마를 잡기에는 무력하다. 심지어 범죄자를 한 번도 마주하지 못한다. 오히려 사건 주변부에서 대화 장면을 통해 영화의 주제를 드러낸다. 그는 나이가 들면 신의 은총이 있으리라 생각했지만, 오히려 더 삶이 힘든 것을 토로하며 말한다. "제가 하나님이어도 저에게 관심 없겠죠." 라고.

영화는 1980년대 유난히 연쇄살인 사건이 많이 발생하던 시기를 배경으로 한다. 미국의 사회와 경제 문제가 악화되어 돈만 보면 사람들이 이성을 잃고 심지어 살인까지 서슴지 않는 시대의 모습을 그린다. 안톤 시거라는 인물을 통해서 돈으로 인해 인간성이 상실되는 '악의 본질'을 탐구한다. 안톤 시거의 잔인함이 가장 잘 드러나는 장면은 무표정으로 사람을 총으로 쏘는 장면이 아니고, 동전 던지기를 통해서 사람의 목숨을 자신이 심판하려고 하는 장면이다. 그것은 '우연히 찾아오는 재난'에 대한 은유이기도 하고, 안톤 시거 자신이 신의 위치에 서서 인간을 심판하고 생명을

영화 인문학 콘서트

좌지우지하려는 교만이기도 하다. 인간의 운명이 그저 동전 던지기로 결정된다는 것이 그 자체로도 끔찍한 장면이면서도 이 세상의 부조리함을 은유적으로 보여 주는 것이다.

영화에서 동전 던지기를 통해 운명을 결정하는 장면이 2번 나오는데, 초반의 남자는 하나를 선택하고 결국 운이 좋게 목숨을 구한다. 반면 마지막에 르웰린의 아내는 선택하지 않는다. 그런 부조리함에 굴복할 수 없다며 오히려 안톤 시거에게 대항하는 용감한 모습을 보인다. 우연에 자신의 운명을 맡기지 않겠다는 그녀의 의지는 영화를 다 보고 나서도 마음에 인상 깊게 남는다. 안톤 시거는 '우연적인 재난'의 메타포metaphor라고 할 수 있다. 그는 모든 사회의 규율과 도덕을 무시하고 살아간다. 그리고 인간의 삶과 죽음을 자신이 심판할 수 있다고 생각하고 실천한다. 그는 악의 본질이고, 미장센적으로도 어둠의 이미지와 함께 그려지는 경우가 많다. 형사들마저 그 앞에서 무력하게 죽는 것을 볼 때 부조리한 세상에 대해서 절망하게 된다. 하지만 마지막 장면에서 다른 사람을 심판하려 했던 안톤 시거 자신이 우연적으로 교통사고를 당한다. 이 아이러니가 영화에서 가장 강렬하게 전달되는 장면이다. 그는 자신이 신과 같은 존재라고 자만했을 때, 더 큰 신에 의해 우연적으로 사고를 당한다. 다른 사람을 살해했던 팔이 부러져 뼈가 튀어나온다. 죄의 대가를 치룬 것이다. 물론 그가 죽지 않고 유유히 사라졌다는 점에서 그가 행한 악행만큼의 죗값을 치룬 것은 아니라는 생각이 든다.

안톤 시거는 이 세상의 혼돈을 주고 인간을 시험하는 악의 본질을 캐릭터화한 점에서 크리스토퍼 놀란 감독의 〈다크나이트〉의 조커를 떠오르게 하기도 한다. 안톤 시거가 '우연의 재난'을 내면화한 캐릭터라면, 조커는

'혼란과 무질서'다. 인간의 선한 의지를 꺾고 타락시키는 데에서 가장 큰 희열을 느끼는 악이다. 끊임없이 인간을 윤리적 딜레마 상황에 놓고서는 인간성을 지키는 것을 포기하도록 만든다. 이 두 영화 속의 '악'에 대해서 성찰할 때면 인간으로서 무력감을 느낀다. 과연 우리가 그 악 앞에서 인간성을 지켜 낼 수 있을까? 질문하게 되는 것이다.

영화에서 슬쩍 지나가는 장면이지만, 기억에 남는 장면이 있는데, 주인공이 총에 맞아 피투성이인 채로 길을 걸으며 지나가던 청년에게 도움을 구하는데, 처음에는 선의를 가지고 돕다가 큰돈을 받게 되면서 친구들끼리 다투게 된다. 마지막에 차에 치인 안톤 시거를 돕는 십대 아이들 역시 마찬가지다. 굉장히 짧게 지나가는 장면이지만, 자본주의 사회를 은유하는 듯한 인상 깊은 에피소드다. 돈을 주기 전에는 아이들이 선의를 가지고 행동했는데, 돈을 받는 순간 내면에 악한 본성의 씨앗이 피어난다.

영화의 마지막 숏shot 역시 인상 깊고, 미장센적으로 뛰어난데, 노인 보안관 에드가 꿈에 대해 이야기할 때 배경에 창문이 있고, 그 뒤로 나무 한 그루가 보인다. 그가 불안 가득한 표정으로 말을 할 동안 창문 바깥의 풍경은 죽음 이후의 세계와 같은 초현실적인 공간의 뉘앙스를 풍긴다. 그리고 시계 초침이 넘어가는 사운드가 들린다. 죽음이 그에게 가까워지고 있음을 은유적으로 보여 주는 미장센이다.

데이빗 핀처 〈소셜 네트워크〉, 다 함께 홀로의 시대

"인터넷에 쓴 건 절대 지워지지 않아."

소셜 미디어는 축복인가? 저주인가?

지금 우리 시대는 '소셜 미디어'를 빼놓고 생각할 수 없다. 일상의 한 컷을 사진으로 찍어 짧은 글과 함께 인스타와 같은 소셜 미디어에 공유하는 것은 자연스러운 행위가 되었다. 그것은 순수한 자기표현의 행위이면서도, 선택된 현실을 포장하는 자기과시이기도 하다. 소셜 미디어는 텍스트 형식에서, 사진, 동영상으로 점점 진화하고 있다. 이처럼 일상 깊숙이 자리 잡고 있는 소셜 미디어의 시작은 어땠을까? 페이스북의 창업 신화를 그리는 영화가 있으니 바로 〈소셜 네트워크〉다. 할리우드 최고의 비주얼리스트 중 하나인 데이빗 핀처 감독의 작품이고, 평단의 극찬을 받은 영화다.

영화는 중요한 아이러니를 담고 있는데, 전 세계 사람들을 연결시켜 준 페이스북의 사업이 커질수록, 정작 마크 주커버그는 가장 소중한 사람들과의 관계가 깨어지고 있다는 점이다. 영화의 서사는 관계의 '연결'과 '깨어짐'의 연속이다. 영화에서 주인공 마크 주커버그는 관계 맺기에 서툰 사람으로 보인다. 디지털 세계 속에서는 천재적이지만, 아날로그 세계에서 비인간적이고, 정상적인 소통이 잘 이루어지질 않는다. 영화의 첫 장면에서 감독은 마크가 어떤 인물인지를 여실히 보여 준다. 시끄러운 바에서 여자 친구와 마주앉아 대화를 나누는데, 좀처럼 대화가 자연스럽게 이어지질 않는다. 상대의 이야기를 듣기보다는 자신의 의식 흐름대로 대화 주제를 바꾸어 나가고, 상대에게 모욕적인 말도 아무 죄책감 없이 내뱉는다. 결국 그는 여자 친구에게 차이게 된다. 거기에 더해 마크는 치사하게 블로그에 여자 친구에 대한 험담을 올려 지울 수 없는 상처를 준다. 그녀는 마크에게 말한다. 온라인에 올린 글은 영원히 지워지지 않는다고. 이 오프닝 시퀀스는 이 영화의 주제를 함축하면서도, 지금의 소셜 미디어 시대에 대한 감독의 관점이 담긴 에피소드라고 생각된다. 전 세계를 온라인으로 연결시켜 주었던 페이스북 창업자는 온라인에 친구의 험담을 죄책감 없이 내뱉는 사람이었다니. 가장 놀라운 아이러니다.

지금 소셜 미디어와 유튜브의 시대에 가장 큰 위험은 무엇인가? 바로 다른 사람에 대한 험담을 글이나 영상으로 올리는 것이다. 그것은 한없이 퍼져 나가고, 지울 수 없는 기록이 되어 당사자에게는 엄청난 상처로 남는다. 수많은 연예인들이 온라인의 악플과 험담으로 인해서 상처를 입고 자살을 하는 사건이 얼마나 많이 일어나는가. 심지어 상대에 대한 모욕적인 영상을 몰래 찍어 협박하는 범죄로까지 확장되고 있다. 온라인에서 일어나는 범죄는 대부분 소셜 미디어를 바탕으로 하고 있다. 지금의 유튜브 시대에는 그 위험성이 더 커지고 있어 빛과 그림자를 동시에 경험하고 있다. 한편으로는 오프라인의 한계를 넘어선 아름다운 커뮤니케이션의 공간이면서, 동시에 서로에 대한 혐오만 쌓이는 정글이기도 하다. 소셜 미디어는 축복인가? 저주인가? 이 영화 〈소셜 네트워크〉는 최연소 억만장자를 그리는 창업 신화이면서도, 동시에 '악'이 탄생하고 진화하는 과정을

　　　　　　　영화 인문학 콘서트

그리는 듯이 보인다. 실제 사건을 모티프로 하고 있으면서도, 신화적인 서사로 이야기가 전개된다. 마크가 유일한 친구인 왈도를 배반하고, 비즈니스 파트너인 숀 파커와 손을 잡을 때가 가장 중요한 터닝 포인트다. 더 이상 돌이킬 수 없는 길을 걷게 되는 것이다. 사업은 확장하지만, 그것이 아름다운 꽃길로 느껴지지 않는다. 오히려 반대로 사악한 욕망을 좇는 느낌이다. 온라인 속에서 그는 최고 승자이지만, 그의 내면은 누구보다 공허함을 느낀다. 이 영화는 시작과 끝이 상징적인데, 시작에서 마크는 여자 친구와 마주보고 대화했다면, 마지막 장면에서는 마크는 그녀를 온라인으로 마주한다. 그는 페이스북으로 친구신청을 하고 그녀의 응답을 기다리는 비참한 신세다. 그는 에리카를 잊기 위해서 페이스북 사업을 시작하였는데, 이렇게 큰 성공을 거두고도 그녀를 잊지 못한다.

이 영화와 함께 소셜 미디어의 민낯을 성찰할 수 있는 또 한 편의 영화가 있으니 바로 〈소셜 딜레마〉이다. 넷플릭스에서 제작한 다큐인데, 소셜 미디어의 터치감, 알림 신호, 알고리즘 등이 얼마나 교묘하게 설계되어 우리를 디지털 세계에 중독되어 헤어 나오지 못하게 하는지를 폭로한다. 소셜 미디어에 사진을 업로드하고 '좋아요'와 '댓글'이 궁금해서 수시로 접속하였던 경험이 있지 않은가? 아니면 우연히 보게 된 유튜브 영상이나 숏츠 영상을 보다가 알고리즘에 이끌려 몇 시간을 날려 버린 경험은? 이 모든 것이 개발자들에 의해 다 계획된 것이다. 개발자들에 인터뷰에 의하면, 소셜 미디어 체험이 '슬롯머신'을 당기는 중독성과 유사하다고 한다. 도박 중독과 소셜 미디어 중독이 유사하다는 말이다. 디지털 기업들의 최고 목표는 우리를 미디어 기기 안에 붙잡아 두고 자신들의 이익을 최대화하는 것이다. 더 자극적인 서비스를 제공해 줌으로써 우리의 시선을 붙잡아 둔다. 온라인 세계 안에 선정적인 이미지와 혐오의 글들이 넘쳐 나는데도 대부분 내버려 두는 것도 이유가 있는 것이다.

소셜 미디어는 기본적으로 인간의 두 가지 욕망을 반영한다. 나를 표현하고 싶은 욕망과 다른 사람의 삶을 훔쳐보고 싶은 욕망. 이 두 가지가 적절한 선을 지키면 의미 있는 커뮤니케이션이 되는데, 선을 넘으면 '노출증'과 '관음증'으로 발전한다. 이런 형태의 소셜 미디어 활동은 중독성이 커지고 왜곡된 형태의 커뮤니케이션이 일어나게 만든다. 정상적인 사고와 관계를 할 수 없도록 뇌를 망가트리기도 한다. 디지털 세계가 발전하고, 소셜 미디어 이용이 증가하면서 현실 세계에서 다른 사람과의 소통이 점점 더 어려워지게 되고, 타인과의 끊임없는 비교로 박탈감과 우울증을 호소하는 이들도 늘어나고 있다. 그리고 자아 정체성이 확립되기 이전의 10대들은 소셜 미디어로 인해서 부정적인 자아관을 갖고 자살하는 사건도 늘어나고 있음을 다큐는 통계적으로 증명하고 있다.

그렇다고 디지털 세계를 완전히 부정하기 어려운 이유는 선한 영향력을 가진 좋은 콘텐츠도 존재하기 때문이다. 유튜브와 같은 소셜 미디어는 고급 정보를 모두가 다 누릴 수 있는 '디지털 민주화'의 시대를 가져오기도 했다. 디지털 세계의 빛과 그림자가 동시에 존재하는 셈이다. 우리가 그것의 그림자에 짓밟히지 않기 위해서는 개개인이 더 현명한 미디어 이용자가 되어야 하고, 좋은 콘텐츠와 나쁜 콘텐츠를 분별하는 큐레이터가 되어야만 한다. 미디어 기기는 결코 중립적이지 않다. 기본적으로 우리의 욕망을 부추기고, 정신 건강을 망치는 방향으로 기울어져 있다. 그것을 건강한 가치로 아름답게 이용하기 위해서는 적극적인 의지와 스스로에

영화 인문학 콘서트

대한 컨트롤이 필요할 것이다.

영화 〈소셜 네트워크〉를 보면 소셜 미디어의 첫 시작부터 건강한 소통을 돕는 방식으로 개발되지 않았음을 알 수 있다. 그들은 반대로 인간의 욕망을 부추기는 서비스를 제공한다. 이로 인해 사람들은 점점 인내심이 부족해지고, 관계에 있어서 아주 유아적인 커뮤니케이션에 머무르도록 만든다. 페이스북, 인스타, 유튜브, 틱톡과 같은 소셜 미디어는 점점 기술이 발전되고 확장되는데, '과연 우리 시대의 커뮤니케이션을 더 성숙하게 만드는가?'라고 자문할 때 긍정적으로 답하기는 쉽지 않아 보인다. 오히려 더 퇴행하였고, 사람과 사람 사이의 혐오는 갈수록 심해지고 있다. 소셜 미디어가 새로운 소통의 장이 아니라, 서로를 혐오하는 글과 영상이 넘쳐 난다. 소셜 미디어 안에서의 친구 맺기와 소통은 우리로 하여금 누군가와 연결되어 있다는 착각을 하게 만들지만, 사실 실체가 아닐 수 있다. 모두와 연결되어 있지만, 누구와도 연결되어 있지 않다는 말이다. 어쩌면 수만 명의 온라인 속 친구보다, 단 1명의 현실 세계의 친구가 더 소중할지 모른다. 그 한 명과의 관계가 우리를 더 성숙케 만든다.

이런 시대에 '미디어 교육'이 더 중요한 요소로 자리 잡는다. 한편으로는 미디어 기기를 잘 활용하도록 도와야 하면서도, 그것을 낯설게 성찰하는 시간도 필요하다. 특히나 십대 시절에는 미디어 기기보다 직접 사람과 대면하며 소통하고, 몸을 움직이는 시간을 많이 갖는 것이 좋다. 자연과의 소통도 중요하다. 어린 시절에 건강하게 소통하는 시간을 충분히 갖지 못하면 어른이 되어 갈수록 사람과 소통하기를 더 어려워하게 되고 삶이 불행하다고 느껴질 것이다. 행복에 있어서 관계와 소통은 중요한 요소이기 때문이다. 영화 엔딩에서 마크가 사업적으로 큰 성공을 거두었지만 여전히 다른 사람과의 연결을 갈망하는 모습은 그의 모순을 잘 보여 준다.

〈드라이브 마이 카〉, 하마구치 류스케 감독의 리얼리즘 미학

"당신을 진심으로 사랑하면서도 다른 남자를 갈망하는 것,
그대로 인정해 줄 수 없나요?
거기에는 어떤 모순도 없어 보이는데요….."

하마구치 류스케 감독은 아시아에서 중요한 차세대 감독으로 자리 잡고 있다. 고레에다 히로카즈와는 또 다른 자신만의 결을 가진 리얼리즘 미학을 추구하기 때문이다. 어려운 제작 환경 속에서도 계속 영화의 본질을 탐구하고, 자신만의 영화 미학을 실험함으로써 평단에서는 매번 좋은 평가를 받고 있다. 국내에서는 〈아사코〉라는 멜로 영화를 통해서 알려지기 시작했고, 이후에 하루키의 소설이 원작인 〈드라이브 마이 카〉라는 영화를 통해서 칸 영화제와 오스카 영화제에서 좋은 결과를 얻어 국제적인 명성을 얻은 작가 감독이 되었다. 그러면서 그의 이전 작품인 5시간이 넘는 영화 〈해피 아워〉가 역주행으로 관객들의 사랑을 받기도 했다. 이 영화는 워낙 길지만 이후의 영화에 나타나는 주제와 미학적 특징들이 담겨 있다 보니 그를 사랑하는 관객이라면 반드시 봐야 할 영화가 되었다. 최근에는 공연 영상으로 쓰일 영상을 제작하다가 영화로 확장시킨 〈악은 존재하지 않는다〉라는 거대 담론이 담긴 영화를 만들어 역시나 좋은 평가를 받았다.

이창동 감독이나 고레에다 히로카즈와 같은 리얼리즘 미학의 거장이 많이 존재함에도 불구하고. 그 정도에는 못 미치지만 하마구치 류스케 감독도 자신만의 개성을 보여 준다는 점에서 훌륭하다. 그의 영화 중에 대표작 〈드라이브 마이 카〉는 하루키의 소설을 원작으로 하고 있어서 더욱 친근하고 감독의 영화관과 스타일을 가장 잘 느낄 수 있는 작품이다. 사실 원작은 단편 소설이라 서사가 풍성하지 않은데, 하마구치 류스케 감독은 원작에 없는 부분을 채워 넣으면서도 상호 텍스트적으로 원작과 대화를 나누는 방식으로 훌륭한 영화를 만들어 내었다.

누가 봐도 부러움을 살 만한 아름나운 부부 가후쿠와 오토. 어느 날 가후쿠는 우연히 아내의 외도를 목격하게 된다. 그리고 얼마 지나지 않아 갑자기 아내가 죽음을 맞이하게 된다. 그로부터 2년 후 히로시마의 연극제에 초대되어서 가후쿠는 〈바냐 아저씨〉 연출을 맡게 된다. 그곳에서 자신의 전속 드라이버인 미사키를 만나게 된다. 가후쿠는 이전에 차 사고로 직접 운전을 할 수는 없게 되었기 때문이다. 무뚝뚝한 표정으로 말없이 운전만 하는 미사키와 오랜 습관인 아내가 녹음한 테이프를 들으며 대사 연습을 하는 가후쿠. 조용한 차 안에서 두 사람은 점점 마음을 열게 되고, 서로가 과거의 아픔에서 벗어나지 못했다는 점에서 공통점이 있음을 알게 된다. 어느 날, 가후쿠가 연출하는 연극의 주연 배우가 사고를 일으켜 자신이 주인공 역할을 대신해야 하는 상황에서 쉽게 결정하지 못하는 가후쿠는 미사키와 함께 아픔이 있는 홋카이도로 짧은 여행을 떠나게 된다. 그리고 그곳에서 내면 깊숙이 자리 잡은 서로의 슬픔을 들여다보게 된다.

이 영화는 하마구치 류스케 감독의 장점과 미학적 특징이 종합 선물 세트처럼 담겨 있으면서도 완성도가 가장 높은 작품이라 많은 이들의 사랑을 받았고, 오스카 영화제에서도 좋은 성과를 내기도 했다. 무엇보다 인

144

물의 내면에 대한 탐구가 깊이를 더함으로써 영화를 다 보고 나면 여운이 깊게 남는 작품이다. 먼저 이 영화의 미학적 특징을 살펴보겠다.

(1) 거리 두기

가장 인상 깊은 부분은 카메라와 피사체의 거리이다. 보통 리얼리즘 미학의 영화라 하더라도 영화의 대중성을 고려해 인물의 감정을 부각시키기 위해 카메라가 인물에게 가까이 다가간다. 그래야만 관객들이 영화 속에 더 몰입되어지기 때문이다. 그런데 하마구치 류스케 감독은 반대로 관객의 감정이입을 방해하려는 목표가 느껴질 정도로 카메라와 피사체의 거리가 멀다. 이런 이유로 영화를 보는 내내 관객에게 주체적인 태도가 요구되고, 그러지 않으면 딴 생각으로 빠지는 경우가 많다. 심지어 가장 감정이입이 크게 일어나야 하는 멜로 영화를 찍을 때조차 그렇다. 〈아사코〉를 보면 두 주인공 선남선녀가 첫눈에 반해서 사랑에 빠지는 장면이 담백하게 찍혀 있고 이별의 장면은 아예 생략되어 있고 내레이션으로 대체한다. 남녀 주연 배우는 전형적인 일본 감성의 멜로드라마를 연상시키는데, 막상 영화를 마주하면 관객의 기대를 배반한다. 그래도 〈아사코〉는 그의 작품 중에서는 상대적으로 몰입도가 높은 편이다. 〈악은 존재하지 않는다〉와 같은 영화의 경우에는 가장 극적인 상황이 벌어지는 장면조차 카메라의 거리는 멀어서 어떤 상황인지 명확하게 이해하기조차 쉽지 않게 찍혀 있다. 하마구치 류스케 감독의 가장 최고의 완성도를 보여 준 영화로 평가받는 〈드라이브 마이 카〉의 경우도 마찬가지다. 주인공이 아내가 외도하는 장면을 목격하는 장면이나, 영화의 클라이맥스에서 주인공이 스스로 자책하며 긴 대사를 뱉는 장면 역시도 카메라가 어정쩡한 거리에서 인물을 찍는다. 때로는 이러한 거리감이 감독의 연출의 미숙함을 드러내는 것 같기도 하면서도, 사실주의 미학에 대한 오랜 탐구의 결과로 느껴진다.

그의 영화에는 의도적으로 느껴질 만큼 '시점 숏'이 거의 등장하지 않는데, 관객들이 어느 한 인물에게 감정이입하는 것을 강요하기 원치 않기 때문이다. 대화 장면에서조차도 두 인물이 한 프레임 안에 등장하는 숏이 주를 이루고, 흔히 대화 장면에서 쓰이는 OS 숏이나 시점 숏이 빠져 있다. 인물이 어딘가를 바라보는 장면을 보여 줄 때에도 무엇을 보았는지는 생략되는 경우가 많다. 이를 통해 영화 속으로 관객들이 몰입되어지기가 어렵다. 가장 극적으로 보여 주어야 하는 장면에서조차 시점 숏이 빠져 있다 보니 장면 연출이 매끄럽지 않게 여겨지기도 한다. 하지만 이는 거리두기를 위한 감독의 고집스러운 연출이라 볼 수 있다.

하마구치 류스케 감독의 영화에서는 봉준호 감독 영화의 중요한 모티프인 '삑사리의 미학'과 유사한 요소가 나타나 영화의 몰입을 방해한다. 나는 이를 '어긋남의 미학'이라고 표현해 보겠다. 관객들이 정서적으로 몰입하도록 끌어올리다가도, 균열을 내어 한순간에 내팽개치며 감정의 몰입을 방해하는 방식의 숏의 연결을 보여 준다. 〈아사코〉에서 주인공 커플이 행복한 표정으로 같이 오토바이를 타고 가는데, 느닷없이 사고 장면으로 연결되는 장면이라든지, 이제 막 사랑이 싹이 트고 달달한 장면이 펼쳐질 것이라 기대했는데, 느닷없이 '남자가 신발을 사러 가서 돌아오지 않았다.'라는 내레이션이 흘러나오며 갑작스럽게 한 챕터가 마무리 되는 장면을 보면 '어긋남의 미학'을 잘 보여 준다. 〈악은 존재하지 않는다〉에서

영화 인문학 콘서트

는 오프닝에서 하늘을 비추는 트래킹 숏과 함께 강렬한 음악이 조화를 이루며 관객들의 정서적 참여를 불러일으킨다. 그런데 어느 한순간에 갑자기 음악이 '툭' 끊긴다. 관객들의 정서적 참여를 끊어 내는 것이다. 이러한 장면 연출은 하마구치 류스케 감독의 '거리 두기의 미학'을 드러냄과 동시에 영화의 주제와도 맞닿아 있는 지점이 있다.

(2) 건조한 연기

하마구치 류스케 감독의 '거리 두기 미학'을 더하는 요소는 바로 배우의 연기이다. 그의 영화를 보면 모든 작품에서 배우들은 비슷한 톤으로 연기를 하는데, 감정이 과잉되지 않고 아주 건조한 연기 톤을 보여 준다. 그의 영화에서 비전문 배우가 많이 등장하는 것을 고려하면 이해가 되면서도, 심지어 멜로드라마에서조차 그런 연기 톤을 유지하는 것을 보면 리얼리즘 미학을 추구하는 감독의 고집이 느껴진다. 그래서 〈아사코〉의 여주인공은 연기력 논란을 감수해야 하기도 했다. 감정이 불분명하게 표현된다는 것이다. 하지만 이 부분 역시 어느 정도는 감독의 의도였다고 볼 수 있다. 하마구치 류스케 감독의 연기론이 궁금하기도 한데, 감독은 친절하게도 자신의 연기 철학을 영화 속 서사 안에 담아낸다. 〈아사코〉에서 주인공 아사코의 친구가 배우 지망생이어서 지인들을 집에 초대한 날 연기에 대한 논쟁을 벌이는 장면이 짧은 에피소드처럼 들어가 있는데, 이 장면을 보면 감독의 연기 철학을 엿볼 수 있다. 억지로 감정을 만들어내는 방식의 연기는 관객들의 마음에 빗나가게 되고 가짜 연기라는 것이다. 심지어 〈드라이브 마이 카〉에서는 자신이 배우들과 리허설을 하는 모습을 그대로 영화 속에 담아내기도 했다. 극중 주인공은 연극 연출가여서 배우들과 함께 대본 리딩을 하는 시간을 갖는데, 연출자는 배우들에게 최대한 감정을 빼고 건조하게 대사를 읽기를 요구한다. 그래서 이를 참지 못하는 한 배우와 논쟁을 벌이기도 한다. 하지만 결국 연출자의 논리가 옳다는 것이 증명된다.

하마구치 류스케 감독의 영화를 보면 배우들이 감정을 덜어내고 연기를 함에도 불구하고 인물의 대사를 주의 깊게 듣게 되는 마력이 있는데, 아마도 생상히 오랜 시간 반복해서 리허설을 하기 때문에 가능하다고 느껴진다. 겉으로 감정을 표출하지는 않지만, 인물이 대사를 반복해서 리딩하면서 마음으로 진실하게 표현하려 하는 것이 관객들에게 고스란히 전달된다.

(3) 예술 간의 상호 텍스트성

하마구치 류스케 감독의 영화를 보면 영화 속에 또 다른 이야기가 담겨 있거나, 연극이나 미술 같은 타 예술 장르가 담겨 있는 경우가 많은데, 이것이 단순히 이야기를 위한 도구와 장소를 넘어서서 전체 영화와 영향을 주고받으며 주제를 드러내기에 주목할 필요가 있다.

〈아사코〉에는 미술관 장면으로 시작하는데, 쌍둥이라고 하는 모티프는 미술관의 테마이면서도 영화 전체를 감싸는 요소이기도 하다. 〈해피 아워〉에서도 영화 속에 워크숍 장면이나 북 토크 장면이 굉장히 길게 그려지는데, 처음 볼 때에는 적응이 되질 않는다. 보통의 드라마나 상업 영화에서 이런 장면은 핵심 대사만을 보여 주고 스케치처럼 짧게 넘어가는 게 일반적이다. 그런데 〈해피 아워〉를 보면 인물들이 참여하는 워크숍 장면이 거의 30분 정도 그려진다. 거의 다큐멘터리 수준이라고 볼 만하다. 이 장면 역시 영화 전체의 주제와 연결되어 있다. 워크숍에서 의자의 중심을 잡는 장면, 서로의 마음의 소리를 듣도록 하는 활동, 등으로 서로에게 기대어 일어서는 활동 등은 '소통'이라고 하는 테마를 담고 있고, 이는 결국 영화 전체를 관통하는 핵심 모티프이기도 하다.

〈드라이브 마이 카〉에서는 상호 텍스트성은 가장 본격적으로 나타나는데, 주인공 가후쿠는 차를 타고 다니며 항상 아내가 녹음한 〈바냐 아저씨〉 대사를 들으며 다닌다. 그런데 그 대사를 곱씹어 보면 주인공 가후쿠의 마음을 대변하거나, 죽은 아내가 그를 위로하는 목소리처럼 들리기도 하다. 가후쿠의 아내는 남편과 잠자리를 할 때마다 이야기를 탄생시키는데, 그 이야기만으로 새로 단편영화를 만들어도 될 만큼 흥미로운 이야기를 들려준다. 남편은 그 스토리의 절반만을 듣게 되는데, 아내와 잠자리를 한 배우에게서 이야기의 결말을 듣는다. 그리고 그 결말이 가후쿠 자신에게 교훈을 주는 방식으로 서로 연결이 된다. 심지어 이 영화는 원작인 하루키의 〈여자 없는 남자들〉과도 영향을 주고받는 방식으로 각색을 한 것도 흥미롭다. 원작에서 남편은 왜 아내가 자신을 사랑하면서도 다른 남자와 외도를 해야 했는지 이해를 하지 못한 채 끝이 나는데, 하마구치 류스케 감독은 그에 대해 자신만의 답변을 영화 속에 여주인공의 대사를 통해서 담아낸다.

(4) 상처 입은 내면에 대한 탐구

그의 영화에서 주인공은 대부분 삶이 위태롭고, 가까운 관계가 어긋나 있고, 마음속에 풀리지 않는 깊은 상실감과 상처를 가지고 있다. 사랑하는 사람이 옆에 있고, 안정적인 외적 조건을 가지고 있는 듯한데, 인물들의 표정을 밝지가 않고 마음속에 어두움을 가지고 있는 듯한 모습이다. 그의 대표작 〈아사코〉와 〈드라이브 마이 카〉의 기본적인 정서는 쓸쓸하고 어둡다. 〈아사코〉는 청춘 멜로드라마임에도 불구하고 인물의 표정과 영화의 톤에 기본적으로 불안한 내면과 공허함을 담는다. 그 원인은 다양할 수 있는데, 지진이라고 하는 인물을 둘러싼 컨텍스트가 영화에서 중요하게 그려진다. 사회의 구조적인 불안과 지진과 같은 환경이 청춘들이 활기 있고 낭만적인 사랑으로 커지는 것을 방해한다. 〈드라이브 마이 카〉 역시 주인공 가후쿠와 미사키는 늘 피로하고 내면의 어두움이 느껴지는 표정을 한다. 두 사람은 모두 소중한 사람을 잃었다는 공통점이 있으면서, 자신이 그들을 지키지 못했다는 죄책감을 가지고 있다. 그들이 머무는 공간은 히로시마로 설정되어 있는데 이는 원자 폭탄이라는 트라우마가 있는 곳이라는 점도 우연은 아닐 것이다.

두 사람은 미사키의 상처가 있는 공간인 홋카이도를 향한 긴 여정을 통해서 비로소 자신의 내면을 들여다보는 시간을 갖는다. 이 여행에서 긴 운전 장면이 나오는데, 이는 그들이 스스로의 내면을 탐구하는 긴 여행의 은유이면서도, 상실이 가득한 긴 인생 여정의 메타포metaphor다. 이러한 메타포는 마지막에 연극 〈바냐 아저씨〉의 대사를 통해서 정리해 준다. **"바냐 아저씨, 우리는 살아야 해요. 길고도 긴 낮과 밤들을 끝까지 살아**

가요. 운명이 우리에게 보내 주는 시련을 꾹 참아 나가는 거예요." 이 대사는 가후쿠를 향한 위로이면서 동시대를 살아가는 상처 입은 모든 현대인을 향한 메시지로 느껴져서 영화를 다 보고 나면 마음 깊은 곳에서의 위로와 평안함을 얻게 된다.

그레타 거윅 감독, 〈바비〉의 여성학개론

"어떤 천성들은 억누르기엔 고결하고, 굽히기엔 드높단다."

여성 서사의 영화를 말할 때 동시대 감독 중에 가장 먼저 떠오르는 사람은 그레타 거윅Greta Gerwig이다. 〈레이디 버드〉(2017)라는 영화로 10대들의 성장담을 솔직하게 그려 평단과 대중들에게 큰 인상을 남겼다. 일반적인 성장 영화에 담긴 부모와의 갈등, 연애, 친구, 진로 고민, 학교에서의 반항 등의 요소는 똑같이 들어 있지만, 캐릭터와 장면의 디테일들에서 매력과 개성이 잔뜩 묻어나 있어 차별성을 갖는다. 새로운 세대의 재능 있는 작가이자 감독이라는 명확한 인상을 남기는 영화다. 그 이후 〈작은 아씨들〉(2019)을 통해 본격적인 여성 서사의 영화를 만들게 된다. 수차례 리메이크되는 소설이지만, 그레타 거윅이라는 작가이자 감독의 관점과 사유가 담긴 영화로 재탄생했다. 당시의 시대적 한계를 보여 주면서도, 한 걸음 앞으로 나아가려는 여성의 몸부림과 고민 등이 담겨 깊은 울림을 주는 영화였다. 그 이후 〈바비〉(2023)라고 하는 영화로 바비 인형을 캐릭터화해서 성장 영화를 선보였다. 이 영화는 개봉 당시 크리스토퍼 놀란 감독의 〈오펜하이머〉와 함께 가장 큰 화제였다고 하니 성공적인 프로젝트였던 셈이다. 동화 같은 비주얼과 이야기로 풀어 가면서도 남성과 여성 사이의 젠더 갈등 문제에 대해 깊은 질문을 던지고 토론하고 싶게 만드는 좋은 영화라 생각이 든다.

이 세 편의 영화로 그레타 거윅 감독은 여성 서사를 가장 잘 그리는 독보적인 감독으로 자리를 잡았다. 유사한 주제의 수많은 영화가 있지만, 그레타 거윅의 영화에는 작가 자신의 솔직함이 담겨 깊은 공감을 이끌어 내는 면이 있다. 어떤 설교를 하려고 하기보다는 더 진실한 이야기를 하고자 노력하는 흔적이 느껴진다. 그래서 남성 관객에게서도 몰입을 이끌어 냈다 여겨진다.

그레타 거윅의 영화를 보면 주체적으로 살기 위해 몸부림치는 여성의 모습을 생생하게 그린다. 특히 〈작은 아씨들〉의 둘째 딸 조(시얼샤 로넌)는 감독의 페르소나 같은 인물인데, 시대적 한계 속에서 자신의 삶을 찾고 작가로서의 꿈을 이루기 위해 노력하는 캐릭터다. 영화 초반에 시대적 한계를 보여 주는 장면이 흥미롭다. 조는 자신이 쓴 소설을 출판사와 계약하는 장면으로 시작하는데, 편집장은 "여주인공은 죽거나, 결혼으로 끝나는 결말"이어야 팔린다며 조에게 조언한다. 그리고 작가가 손해 보는 불합리한 조건으로 계약을 한다. 하지만 영화의 마지막에는 달라져 있다. 결말을 수정하는 대가로 인세를 높이고, 판권을 포기하지 않는 계약을 한다. 여전히 제약이 많지만, 한발 앞으로 진전이 있는 결말이다.

일반적인 영화라면 조의 주체성을 향한 몸부림을 이상화시킬 우려가 있는데, 그레타 거윅 감독은 그녀를 때로는 나약해지는 인간적인 모습으로 그린다. 그녀는 자신의 꿈을 위해서 청혼을 거부하는데, 나중에 후회를 하며 말한다. **"여자에게 사랑이 전부라는 말이 신물 나요. 그런데 너무 외로워요….".** 라고. 그리고 사랑을 하기보다 사랑을 받고 싶어 한다. 그런 흔들리는 마음이 그녀를 더 살아 있는 캐릭터로 느껴지게 하고 관객들은 그녀에게 더 공감하게 된다. 이 장면은 아무리 여성의 주체성을 강조하는 현대인이라 할지라도 공감할 부분이 많으리라 생각된다.

그녀는 엄마처럼 본성을 억누르고 살아야 하는지 고민하자, 엄마는 **"어떤 천성들은 억누르기엔 고결하고, 굽히기엔 드높단다."**라고 조가 자신답게 살기를 조언한다. 엄마의 성숙한 조언이 조를 한층 성숙케 한다. 만약에 엄마나 주변 인물들이 조에게 "나대지 말라."라고 잔소리했다면 주체적인 여성으로 거듭나지 못했을 것이다. 결국 그녀는 자신의 가족 이야기를 소설로 쓰게 되고, 작가가 된다. 실제와 다르게 소설 속에서는 남자와 결혼하는 것으로 결말을 수정하지만, 현실에서 그녀는 독립적인 여성으로 성장한다.

영화 〈바비〉는 좀 더 본격적으로 여성 서사를 담아낸다. 만화적인 비주얼과 스토리텔링으로 친근함을 주면서도 현대인들의 '젠더 갈등'의 문제를 영화 스토리 안에 녹여 내는데, 가장 현대적인 페미니즘 영화라는 측면에서 의미가 있다. 민감한 소재인 만큼 호불호가 갈리기도 했으나 유의미한 질문을 던진 영화라 생각된다. 이 영화는 표면적으로는 페미니즘 영화처럼 보이지만, 결말에선 거기서 한 발 더 들어가 극단적인 '주의'를 경계하고, 화해와 성장을 요청하는 메시지를 준다. 영화의 마지막 메시지를 이해하지 못한 관객은 젠더 갈등을 더 조장한다고 오해할 여지가 있다.

영화는 두 세계를 그린다. 바비랜드는 여성이 중심을 이루는 세계고, 남성은 보조자 역할을 한다. 여성이 무엇이든 할 수 있는 곳이고, 낙천적 사고와 행복만이 있는 세계다. 이 세계에서 대통령, 변호사, 외교관 등 사회의 중요한 직책을 가진 이들은 모두 여성이다. 남성들은 바비가 바라봐줄 때에만 의미를 갖는다. 여성으로서 가장 이상화된 세계처럼 보인다.

그리고 바비 기업의 철학이 담긴 세계이기도 하다. 주인공(마고 로비)는 어느 날 죽음에 대한 생각이 떠오르고, 뒤꿈치가 땅에 닿는 기이한 일이 일어나, 자신의 주인을 찾아 현실로 여행을 떠나게 된다. 바비를 좋아하는 켄(라이언 고슬링)이 함께 그녀와 동행한다.

그들이 도착한 현실의 세계는 남성이 지배하는 세계다. 현실 세계로 여행을 떠난 켄은 가부장제를 몸소 깨닫는다. 사회의 주요한 인물이 현실에서는 다 남자인 것이다. 그는 자신의 삶이 그동안 좁은 세계관에 갇혀 있었는지를 깨닫고 바비(마고 로비)가 없는 틈을 타서 혼자 돌아와 바비랜드를 남성 중심의 사회로 바꿔 놓는다. 영화가 동화적인 설정이라서 충분히 가능한 묘사이다. 한편 바비는 기업 간부들에게 쫓긴다. 자신의 자리에서 벗어났기 때문이다.

바비가 기업 간부들을 따돌리고 바비랜드로 돌아왔을 때 지도자였던 여성들이 주변부로 빠져 있고, 음료를 서빙하고 있는 모습에 충격을 받는다. 바비랜드도 현실처럼 남성 중심의 사회가 돼 버린 것이다. 그래서 그녀는 권력을 되찾기 위해 교묘한 작전을 펼치는데, 여성의 성적 매력을 활용해 남자들끼리 경쟁하도록 유도한 뒤 그 틈을 타 권력을 되찾고, 다시 원래의 바비랜드로 돌려놓는다. 이 부분이 코믹하지만 지금 현실의 젠더 갈등을 그대로 거울처럼 보이며 웃음을 자아내는 장면이다. 여기까지만 보면 젠더 갈등을 부추기는 듯하지만, 영화는 여기서 멈추지 않고, 한 발 더 나아가 남녀가 평등하면서 조화를 이루고, 자신답게 살기를 조언한다. 여성이 꼭 바비 인형처럼 외모와 사회적 지위가 뛰어나다고 해서 가치 있는 것이 아니라, 평범한 삶도 아름답다는 것을 조언한다. 그리고 외모가 아름답고 인형 같은 삶이 아니라, 스스로 생각하고 의미를 만들어

가는 주체적인 삶이 더 중요함을 역설한다. 바비 인형이 이상적인 여성상을 제시하는 듯하지만, 오히려 존재 자체로 아름다운 건강한 여성으로 자리 잡는 데 혼란을 주기도 했던 것을 영화는 드러내고 있다. 어린아이에게 바비 인형을 선물하며 그것을 이상적인 여성으로 교육하는 것은 자라나는 아이들에게 혼란을 줄 수 있다. 여성의 아름다움은 외적인 것에만 있지 않다는 것을 영화는 스토리텔링으로 교훈한다. 주체적인 여성이라는 표현도 다양성을 제한할 수 있는 것이다

영화를 보면 우리 사회의 젠더 갈등의 문제가 담겨 있어 토론하기에 좋고, 여성학개론 입문서와 같은 영화라 생각된다. 인문학 책의 문장 같은 대사가 많아서 영화 대사로써 좋은 대사인지 불만을 가질 수도 있겠지만, 예민한 이슈인 만큼 다양한 관점을 반영하고 성찰을 불러일으키기 위한 감독의 선택이라 생각된다. 흔히 페미니즘 논의에 있어서 가장 중요한 이론가로 보드리야르의 〈제2의 성〉이 언급된다. 그녀는 '여성다움'이 무엇인지에 대해 질문한다. 우리가 고정관념으로 생각하는 '여성다움'이란 것이 자연적인 것이 아니라 문화적인 것일 수 있다는 말이다. 그러면서 여성들의 사회 진출을 비롯한 가정과 직업에서 남녀가 평등할 것을 주장한다. 세상이 많이 진보하기도 했고 심지어 남성이 손해를 보는 역차별의 이야기가 나오기도 하면서도, 여전히 불평등의 요소가 구석구석에 자리 잡고 있어서 계속해서 논의하고 좋은 방향으로 삶을 바꾸어 나아가야 할 것이다.

그레타 거윅의 영화는 여성 서사를 진보시켰다는 점에서 영화사에서 중요한 감독이라 생각한다. 로라 멀비는 〈시각적 쾌락과 서사 영화〉에서

과거의 할리우드 영화 속 여성 캐릭터에 대해 논하면서 "영화에서 통제하는 응시는 항상 남성적이다. 관객들은 남성 주인공의 시선과 자신의 시선을 동일시하여 여성을 에로틱한 볼거리 대상으로 만든다."고 평했다. 물론 〈델마와 루이스〉와 같은 여성 서사의 걸작 영화도 존재하지만 과거에 대부분의 할리우드 영화에서 여성 캐릭터는 주체적이기보다는 대상화되었다. 스스로 생각하는 인물이기보다, 수동적이고, 풍경으로써 존재한다. 하지만 그레타 거윅의 영화를 보면 여성들의 솔직한 욕망과 고뇌들이 리얼하게 드러나 그 자체로 신선하게 느껴진다. 그레타 거윅 감독은 〈레이디 버드〉가 잘되면서 아예 여성 서사 영화를 만드는 감독으로 특화가 된 듯하다. 그래도 매번 어느 정도의 완성도 있는 영화를 만들면서도 지속적으로 하나의 주제를 깊게 파고드는 작가는 드물다는 점에서 중요하게 여겨진다. 그녀의 영화에서 여성 캐릭터는 단조롭지 않고 입체적이고 살아 있는 인물처럼 보인다. 그리고 현대적이고 솔직하다. 영화 서사를 이분법적인 선악 구도로 그리지 않고, 폭넓은 관점을 펼쳐 놓는다는 점에서 성숙하다. 그래서 더 공감이 되고 그녀의 영화를 사랑하게 만든다.

〈블루 재스민〉, 행복은 어디서 오는가?

"어떤 사람은 과거를 쉽게 잊지 못해요."

행복에 대한 관심이 어느 때보다 큰 시대다. 유튜브에서 '행복' 키워드는 언제나 인기나. 그만큼 현대에 스스로 불행하다고 느끼는 사람들이 많다는 것을 방증한다. 아이러니한 것이 한국 사회는 표면적으로는 경제적으로 빠르게 성장하고, 문화적으로도 세계에서 앞서 있지만, 개개인의 삶을 들여다보면 결코 행복해 보이지 않는다. 영화 〈블루 재스민〉은 인간의 삶에서 가장 중요한 본질이 무엇인지를 계급이 다른 두 여성의 삶을 통해 스토리텔링으로 흥미롭게 들려준다. 개인적으로는 우디 앨런의 영화 중에 가장 재미있게 볼 수 있는 영화이기도 했고, 무엇보다 할리우드 최고의 여배우라고 할 만한 케이트 블란챗과 샐리 호킨스의 명연기를 볼 수 있는데다가, 인문학적 의미도 담고 있어서 인간의 삶을 탐구할 수 있는 좋은 영화 텍스트가 되었다.

주인공 재스민(케이트 블란챗)과 여동생 진저(샐리 호킨스)는 어릴 때 같이 자란 자매이지만, 완전히 반대의 삶을 살아간다. 재스민은 사업가인 할과의 결혼으로 뉴욕에서 상위 1%에 속하는 삶을 산다. 반면 동생 진저는 샌프란시스코 차이나타운에서 소박한 삶을 산다. 진저는 어릴 때부터 비교를 많이 당한 탓인지 늘 자신감이 없는 모습이다. 둘은 계급의 차이가 명확하고, 타인의 시선으로 볼 때 재스민의 삶이 더 행복해 보인다. 그리고 재스민은 그런 타인의 부러운 시선을 즐기고, 어쩌면 그게 유일한 삶의 낙으로 여기는 캐릭터로 보인다.

그러던 어느 날, 재스민의 삶은 한순간에 균열이 생긴다. 할이 외도를 하고 있다는 것을 알게 된 것이다. 그녀는 순간의 분노를 참지 못하고 할과의 관계를 끝냄으로써 한순간에 빈털터리가 된다. 상위 1%의 삶에서 바닥으로 추락한다. 재스민은 여동생 진저에게 신세를 지기로 한다. 재스민은 자신이 완전히 망한 상태라는 걸 인정하지 못하고 과거의 향수에 젖어 있다. 명품 백으로 자신의 자존심을 지키려 한다. 동생이 사는 지역으로 갈 때에도 비행기 1등석을 타는 허영심 가득한 모습을 보여 준다. 그녀는 인정할 수 없는 현실에 혼잣말은 늘어 가고 신경안정제도 잘 듣지를 않는다. 그곳에서 재스민은 어릴 때 포기했던 꿈인 디자이너가 되기 위해 다시 공부도 하고, 알바도 시작한다. 그러던 어느 날, 초대받은 파티에서 외교관 드와이트를 만나며 다시 인생이 역전될 수 있는 기회를 만나게 된다. 그녀는 새로운 인생을 찾을 수 있을까?

이 영화는 추락의 이야기다. 상위 1%의 삶을 살다가 바닥으로 추락하게 되면 어떤 마음일까? 모두가 동경하는 셀럽의 삶에서 어떤 실수로 모두의 비난을 받고 바닥으로 추락하는 뉴스를 종종 보게 되는데, 유사한 모습일 것이다. 그런 상태에서 멘탈을 지키고 건강한 삶을 살아 내기란 쉽지 않다. 흔히 갑작스런 위기의 상황에서 자신을 지켜 내는 것을 '회복탄력성'이라 부른다. 위기 속에 완전히 무너지는 사람은 회복탄력성이 약한 사람이고, 그런 가운데 정신을 차리고 자신의 내면을 단단하게 하고 조금씩 다시 성장하는 사람은 회복탄력성이 강한 사람이라 부른다. 재스민은 회복 탄력성이 부족해 보이는데, 그녀의 추락 낙차가 워낙 가파른 것을 생각하면 이해가 안 되는 것은 아니다. 그래서 재스민은 나름 초반에는 공부도 새로 시작하고 알바도 하는 등 회복탄력성 있는 모습을 보여준다. 하지만 그녀는 스스로의 힘이 아닌, 또다시 남자를 통해 빠른 속도로 신분 변화를 꾀하게 되고 잘되는가 싶더니, 결국 더 큰 좌절감에 빠지게 된다. 그녀는 신데렐라 콤플렉스의 가치를 벗어던지지 못했다.

혼잣말을 하는 재스민의 모습으로 첫 장면과 끝 장면이 감싸고 있는데, 그 모습이 정말 비참하고 추하게 그려진다. 인생이 추락해서 내면이 텅 비어 있는 비참한 여인의 얼굴을 케이트 블란쳇의 연기는 인상 깊다.

재스민의 삶에는 자본주의를 살아가는 현대인들의 자화상이 담겨 있다. 자신의 존재를 사랑함에 있어서 내면에서 우러나오는 것이 아니라, 외부의 시선과 동경이 중요하게 작용한다. 그녀는 남들의 인정과 부러워하는 시선을 즐길 뿐이고, 진짜 자신이 누구인지 깊게 고민해 본 적이 없을 것이다. 오로지 명품 백과 옷을 통해서 자신을 증명하고자 하고, 타인의 부러운 시선만이 자신을 규정짓는 유일한 잣대다.

사실 재스민 같은 사람은 자본주의 시대의 승자이고, 그녀가 누리는 부귀영화는 지금의 현대인들이 가장 동경하는 삶이기도 하다. 명품 백, 화려한 파티와 드레스, 궁전과 같은 집, 성공한 사업가 남편, 우아한 말투 등 그녀는 외적으로 모든 것을 다 갖추었다. 하지만 그것은 껍데기에 불과하다. 게다가 그녀 스스로 이루어 낸 것이기보다는 남편이 이루어 낸 것을 함께 누리는 삶이기에 더 위태롭다. 결국 남편과 헤어지자 그녀는 그 모든 것이 거품처럼 빠지고, 한순간에 빈털터리가 된다. 결혼이 최고의 투

자라는 말도 있기는 하지만, 신데렐라 콤플렉스를 꿈꾸는 삶은 주체적인 삶과는 거리가 멀고, 타인의 부러움은 살 수 있겠지만, 진정한 행복을 누리기는 어렵다.

반면 그녀의 동생 진저는 자본주의 사회와는 동떨어진 인물이다. 재스민이 붕 떠 있는 느낌이라면, 동생 진저는 땅에 발을 디디고 있는 현실적인 인물로 보인다. 샐리 호킨스는 인간적이고 깊이 있는 연기를 보여 준다. 진저는 명품이나 화려함과는 거리가 멀다. 그녀의 남자 친구는 주로 노동자 계층이고, 재스민의 시선으로 볼 때 그녀의 삶은 루저일 뿐이다. 재스민의 시선은 곧 자본주의를 살아가는 우리들의 시선이기도 하다. 현대인들은 부자는 선이고, 가난은 악이라는 세계관을 가진 사람들이 많다.

영화에서 흥미로운 점은 진저는 비록 타인의 시선으로 볼 때 루저이지만, 스스로는 나름 행복하게 살고 있다는 점이다. 남자 친구가 노동자이지만 섹시하다며 자부심을 느낀다. 돈은 없지만 소소한 행복 속에서 즐거움을 누린다.

영화 〈블루 재스민〉은 계급이 다른 두 자매의 삶을 들여다봄으로써 삶의 본질을 고민하게 하고, 과연 행복이 어디로부터 오는지를 생각하게 한다. 이 두 자매를 보며 "소유냐? 존재냐?"라는 질문이 떠올랐다. 언니 재스민은 소유로부터 행복을 찾는 인물이다. "나는 소비한다. 그러므로 존재한다."의 가치가 내면화되어 있다. 반면 진저는 존재만으로 충만한 인물이다. 그리고 관계 속에서 소소한 즐거움을 누린다. 자본주의 시대는 소비를 통해서 우리가 행복에 도달할 것이라고 유혹한다. 아파트에 살고, 고급 차와 명품 옷과 최신 디지털 기기를 소유하면 행복할 것이라고 반복적으로 광고를 통해 주입한다. 미디어는 우리의 욕망을 끝없이 자극한다. 과거에는 매스미디어 광고의 영향력이 컸다면, 지금은 소셜 미디어에서 개인 맞춤형 광고들이 끊임없이 우리를 유혹한다. 대부분의 현대인들은 거기에 세뇌되어 끊임없이 소비하고, 욕망을 따라 살아간다. 하지만 모두 경험을 통해 알고 있겠지만, 소비는 우리를 충족시키지 못하고 오히려 더 공허함과 타인과의 비교를 통해서 불행을 안겨다 준다. 몇 년이 지나면 신제품이 나와서 내가 가지고 있는 것이 낡은 것이 되기 때문이다. 소비는 결코 우리를 충만하게 하지 못한다. 오히려 더 센 자극을 원하게 되고, 그 쳇바퀴에 갇혀서 노예와 같은 삶을 살게 된다. 반면 존재만으로 충만함을 느끼는 삶은 오히려 삶의 본질에 더 다가가게 된다. 때로는 자극 없는 상황에 자신을 놓는 것이 중요하다. 그러면 작은 것에도 행복이 있다는 걸 깨닫게 된다. 사실 우리가 삶의 행복을 느끼는 데에 많은 것이 필요하지 않다. 좋은 친구와 맛있는 것을 먹는 것, 그게 행복이다. 그리고 그것을 위한 돈이 필요할 뿐이지, 남에게 과시하기 위한 명품 옷은 사치일 뿐이다.

영화 〈리틀 포레스트〉를 보면 행복이 무엇인지를 말해 준다. 주인공 혜원(김태리 역)은 스트레스 가득한 도시를 떠나 고향인 시골로 내려와 시간을 보내게 된다. 도시와 달리 자연은 아무런 자극이 없고, 모처럼 내면의 안식을 얻는다. 자연산으로 음식을 직접 해 먹고 오랜만에 친구와 나누어 먹으며 담소를 나누며 즐거움을 누리고 비로소 살아 있음을 느끼게 된다. 처음에 배추를 땅에서 파서 배춧국을 해 먹는 모습은 가장 인상 깊다. 도시에서는 편의점 알바하며 삼각김밥으로 배를 채우다가, 심플하지만 신선한 음식을 통해 행복을 느낀다. 그리고 옛 친구를 초대해서 또 함께 음식을 해 먹는데, 이 장면을 보면 이것이 '진짜 삶'이구나라는 생각이 든다. 자본주의 속의 삶은 화려하지만 공허한 반면, 〈리틀 포레스트〉의 삶의 모습은 소박하지만 내면의 공허함이 채워지는 안정감과 진정한 행복이 있다. 자본주의적 세계관은 우리로 하여금 미디어를 통해서 소비를 통해서 행복을 얻는다고 가르치지만, 인간의 본질은 여전히 자연적인 것에서 안정감을 느낀다.

다시 〈블루 재스민〉으로 돌아와서 재스민의 삶은 겉으로는 화려하지만, 그녀를 지탱하는 내면은 굉장히 불안하고, 바람이 불면 쓰러질 모래성처럼 느껴진다. 내면의 자아가 약하니, 외적인 상황이 어려워지자 존재 자체가 휘청거린다. 자본주의 세계관에 적응된 현대인들 역시 다르지 않다고 생각한다. 자아가 약한 많은 사람들이 외적인 요소로 자신의 자존감을 형성하는 것을 많이 본다. 소셜 미디어에 새로운 나를 창조하여 화려함으로 과시한다. 그런 삶은 잠시는 남들의 시선을 받으며 행복감을 느끼고 자아도취 할 수 있지만, 얼마 지나지 않아 또다시 공허함에 빠지게 된다. 끊임없이 남과 비교하는 삶을 살게 되고, 쉽게 번 아웃이 오게 된다. 결국 우리의 내면을 돌아보고, 타인의 시선이 아닌 내면으로부터 행복감이 올라오도록 하는 것이 중요하다. 영화의 마지막 장면에서 재스민은 나락의 상황 속에서도 계속 거짓으로 자신을 포장하고 고통에 빠지는 동안, 동생 진저는 남자친구와 행복하게 웃으며 피자 한 조각 가지고 티격태격하는 모습을 볼 때, 진정한 삶이란 무엇인지 관객으로 하여금 스스로 깨닫게 만든다.

〈인터스텔라〉를 통해 보는
크리스토퍼 놀란 감독의 '시간의 예술'

"우린 답을 찾을 것이다. 늘 그렇듯이."

영화의 본질은 시간과 관련이 있다. 최초의 영화는 현실의 시간과 영화적 시간이 같았다. 열차가 오는데 1분이 걸리면, 영화의 시간도 1분이 할애되었다. 그러나 영화에 편집이 생기면서 영화적 시간은 리얼 타임으로부터 해방되었다. 편집의 탄생은 영화의 발전에 있어서 중요하다. 영화적 시간은 때론 찰나의 순간을 길게 늘일 수도 있고, 긴 시간을 편집으로 몇 초로 압축할 수도 있다. 유명한 예로 스탠리 큐브릭 감독의 〈스페이스 오디세이〉라는 작품을 보면 하나의 소도구를 활용한 매치 컷으로 원시시대에서 먼 미래로 한순간에 이동하는 사례가 있다. 이런 고전을 인용하지 않더라도, 영화는 기본적으로 컷 편집을 통해서 효과적인 스토리 전달을 위해 시간을 압축한다. 영화는 곧 '시간의 예술'이라는 것이다.

이런 영화의 본질을 가장 극단적으로 활용하여 자신만의 영화적 비전을 완성한 감독이 크리스토퍼 놀란 감독이라 생각한다. 〈메멘토〉라는 영화를 통해 시간이 역순으로 흘러가는 플롯의 실험으로 신선한 충격을 주었고, 〈인셉션〉(2010)을 통해 국내 관객들의 많은 팬을 확보했다. 영화 〈인셉션〉은 꿈의 시간과 공간을 비주얼로 구현함으로써 난해함에도 불구하고 큰 사랑을 받았고, 'n차 관람'이라는 새로운 극장 문화를 만드는 계기가 되었다. 그의 영화는 영화의 서사가 모호하더라도 영화를 감각적으로 체험하는 쾌감을 안겨다 준다. 이 영화를 보는 내내 긴 꿈을 꾸다가 영화가 끝나면 비로소 꿈에서 깨어난 듯한 느낌이 든다. 그의 영화적 시간에 대한 탐구가 과학과 만나서 정점을 이룬 영화가 〈인터스텔라〉(2014)이고, 국내에서 하나의 현상으로써 폭발적인 반응을 일으켰다. 〈인셉션〉이 꿈속의 시간을 표현했다면, 〈인터스텔라〉는 우주에서 중력으로 인한 시간의 왜곡을 표현해 낸다. 〈인셉션〉이 철학적 사고에 바탕을 둔다면, 〈인터스텔라〉는 과학적 사고에 더 무게를 싣는다. 이 영화로 인해 놀란 감독에 대한 관심뿐 아니라, 과학에 대한 관심이 커졌다. '코스모스' 이후 베스트셀러가 드문 과학 분야에 엄청난 활기가 생기고, 과학을 꿈꾸는 청소년들이 더 많아졌다.

그 이후 〈덩케르크〉(2017)를 통해 시간의 상대성을 실험하고, 〈테넷〉(2020)에서는 시간이 역행하는 서사에도 도전을 한다. 그러나 이후의 영화는 〈인터스텔라〉 때만큼의 큰 신드롬을 일으키지는 못했다.

영화와 시간에 대한 탐구가 영화 서사와 비주얼과 함께 잘 녹아들면서 감독의 개성이 잘 담긴 작품은 〈인셉션〉과 〈인터스텔라〉, 〈덩케르크〉라고 생각한다. 이 영화들은 이후 비슷한 소재로 영화를 만들려고 시도한 다른 어떤 감독도 범접하지 못할 예술의 경지를 보여 주었다. 〈인셉션〉은 꿈속의 꿈속의 꿈이라고 하는 논리로는 따라가기 어려운 서사를 펼치는데, 관객들은 직관과 무의식으로 그 영화를 받아들인다. 그렇다고 해서 영화의 플롯 구조가 불분명한 것은 아니다. 도표를 그리면서 영화를 따라가 보면 잘 설계된 것을 알 수 있다. 이런 독특한 플롯이 영화의 본질과 맞닿으면서 영화를 예술의 경지로 끌어올린다. 그래서 놀란 감독의 '플롯의 마술사'라고 불린다. 영화가 마법처럼 시간과 공간을 자유롭게 유영하기에 대단한 특수효과가 동원된 듯하지만, 사실 대부분 컷 편집으로 연결되어 있다. 그런 점에서 한스 짐머의 음악이 이 영화에서 얼마나 중요한 역할을 했는지 깨달을 수 있다. 영상 이미지가 음악과 조화를 이루며 논리를 넘어선 새로운 경지로 관객들을 이끌어 간다.

영화 〈인터스텔라〉는 보다 꿈 대신 과학적 사고가 반영된 점에서 더 큰 사랑을 받은 작품이 되었다. 한국에서는 교육적 의미가 있을 때 더 흥행하는 경향이 있다. 각본을 쓴 동생은 시나리오를 쓰는 동안 상대성 이론에 대한 공부를 수년 동안 한 것으로 알려져 있고, 킵손이라고 하는 과학자가 자문을 해 줌으로써 과학적 팩트를 바탕으로 스토리를 설계하여 교육적으로도 의미 있는 작품이 되었다. 한국은 교육열이 크다 보니 교육적인 영화 텍스트에 더 열광하는 부분이 있다. 특히 영화 속의 블랙홀 시각 디자인은 그 어떤 논문보다도 정확하다는 과학자들의 인정을 받았고, 우주여행을 다룰 때 이전에는 만화적 설정으로 넘겼다면, 〈인터스텔라〉는 킵손의 논문을 참고해 '웜홀'이라는 이론을 도입해 시각화하였다. 그래서 영화를 보면 '시간'과 '중력'이라고 하는 것에 대해서 깊게 성찰하게 만든다. 참고로 킵손의 인터뷰에 의하면 이 영화는 원래는 스티븐 스필버그와 함께 만들기로 했는데, 프로젝트가 겹쳐 당시 가장 핫하고 젊은 크리스토퍼 놀란 감독이 맡게 되었다고 한다. 그 점이 신의 한 수라는 생각이 들고, 인류에게 주는 선물 같은 영화가 탄생하였다.

영화 속 지구는 이제 거의 폐허가 되었고, 미래가 없어 보인다. 자본주의 문명은 모두 무너지고, 다시 농사를 지으며 살아간다. 엔지니어보다

농부가 필요한 세상이다. 이런 시대에 시공간에 불가사의한 틈이 열리고, 남은 자들에게는 인류를 구원해야 하는 임무가 주어진다. 쿠퍼는 이 임무에 부름을 받아 사랑하는 가족들을 지구에 남기고, 인류라고 하는 더 큰 가족을 구하기 위해 우주로 향한다. 지구를 대체할 후보 행성 3곳을 탐사하게 되는데, 플랜 A는 새로운 행성을 찾고, 중력 방정식도 풀어서 지구의 인간들이 다 같이 이사를 하는 것이고, 플랜 B는 현 인류는 멸종하지만 수정체를 가져가 새로운 행성에서 인류를 보존하는 것이다. 과연 인류 구원을 위한 '나사로 프로젝트'는 성공할 수 있을까?

〈인터스텔라〉에서 지구를 대체할 3곳의 행성(밀러, 만, 에드워즈)을 탐험하는데, 매번 압도적인 비주얼과 과학적 상상력으로 충격을 준다. 첫 번째 행성에서 강한 중력으로 인해서 파도가 산처럼 솟아 있는 장면은 압도적인 비주얼을 선사한다. 사실 블랙홀 바로 옆의 행성을 가는 것이 과학자들의 결정이라고는 말이 안 되지만, 영화의 가장 극적인 이미지를 보여 주기 위한 어쩔 수 없는 선택이라고 본다. 밀러 행성에서의 1시간이 지구의 시간으로는 7년이라고 한다. 그만큼 중력이 강하다는 것이다. 너무 강한 중력으로 파도가 산처럼 솟아오르고, 시간의 뒤틀림도 심해서 수년 전에 보낸 신호가 이곳에서는 방금 벌어진 일이다. 중력이 강한 곳에서 시간을 너무 지체해서 다시 우주선으로 돌아왔을 때 기다리던 과학자는 이미 노인이 되어 있는 장면은 영화의 시간 예술을 극적으로 잘 보여 주는 장면이다. 잘못 연출하면 꽁트처럼 보일 수 있지만, 영화가 지금까지 보여 준 시각 이미지가 워낙 치밀하고 압도적이기에 영화의 설정이 믿어지게 만드는 힘이 있다. 어린 딸을 지구에 남겨 두고 떠나온 아빠 쿠퍼는 10여 년이 지나 버린 것에 대해 굉장한 절망감과 분노에 휩싸인다. 두 번째 행성인 '만 행성'에서는 박사의 배신으로 시간이 지체될 뿐 아니라, 연료도 바닥이 나는 가장 큰 위기에 빠지고 결국 쿠퍼는 블랙홀 속으로 직접 들어가는 선택을 한다. 그런데 기적적으로 다른 차원으로 이동을 하게 된다.

마지막 시퀀스에서 5차원의 공간을 통해 아빠와 딸이 소통하는 장면은 명장면이다. 아빠는 딸의 모든 시간대를 한 순간에 볼 수 있고, 자신이 한 시간대를 선택해서 소통을 한다. 어찌 보면 쿠퍼는 신의 시점을 가진 셈이다. 딸이 성장하는 모든 시간대를 동시석으로 바라볼 수 있다. 이때 소통 방식은 언어가 아니고, 중력이다. 다른 차원을 소통 가능케 하는 것이 '중력'이라는 설정이 흥미롭고 과학적이다. 결국 책장에서 책을 떨어트림으로써 딸과 소통을 하고, 결국 영화 초반에서 벌어진 불가사의한 일도 미래의 아빠가 한 일이라는 것이 밝혀진다. 하지만 여전히 영화는 이런 일이 가능하게 한 다른 차원의 존재가 누구인지를 말해 주지는 않는다. 신일 수도 있고, 아니면 더 고차원의 문명과 과학 발전이 이루어진, 외계 문명의 존재일 수도 있는 것이다. 영화는 SF 영화의 상상력을 최대한 발휘하면서도, 과학적 사고와 모티프를 중요하게 여기는 점에서 다른 SF 영화와 차별성을 지닌다.

결국 아빠와 딸은 다시 재회하게 되지만, 딸이 아빠의 나이를 넘어서 노인이 되어 죽음을 맞이하게 된다. 그리고 마지막 후보인 에드워즈 행성이 인류가 살 수 있는 행성이라는 긍정적 신호를 보여 주며 영화가 끝이 난다.

이 영화를 다 보고 나면 우리의 고개를 들어 광활한 우주를 바라보게 하고 호기심을 갖게 만드는 힘이 있다. 지구라고 하는 공간이 우주의 시선으로 보았을 때에는 한 점처럼 느껴지는 것이다. 칼세이건이 이 점과 같은 지구에 대한 성찰은 우리의 세계관을 확장시켜 준다.

"이 빛나는 점을 보라. 그것은 바로 여기, 우리 집, 우리 자신인 것이다. 우리가 사랑하는 사람, 아는 사람, 소문으로 들었던 사람, 그 모든 사람은 그 위에 있거나, 또 있었던 것이다. 우리의 기쁨과 슬픔, 숭상되는 수천의 종교, 이데올로기, 경제이론, 사냥꾼과 약탈자, 영웅과 겁쟁이, 문명의 창조자와 파괴자, 왕과 농민, 서로 사랑하는 남녀, 어머니와 아버지, 앞날이 촉망되는 아이들, 발명가와 개척자, 윤리도덕의 교사들, 부패한 정치가들, 슈퍼스타, 초인적 지도자, 성자와 죄인 등 인류의 역사에서 그 모든 것의 총합이 여기에 이 햇빛 속에 떠도는 먼지와 같은 작은 천체에 살았던 것이다."〈창백하고 푸른 점〉 중에서

영화는 스토리텔링 그 자체로 흥미진진하면서도 영화를 다 보고 나면 과학에 대한 호기심을 갖게 되고, 웅장한 자연 앞에서 겸허함을 갖게 만든다.

3장

교실에 찾아간 영화 인문학

들어가는 말

영화로 수업을 하기 위해서는 영화가 텍스트의 의미를 지닌다는 것을 이해해야 한다. 영화는 기본적으로 이야기의 예술이지만, 이미지 언어로 이루어져 있고 그 안에 다양한 인문학적 함의를 지니고 있다. 물론 모든 영화가 텍스트로써의 의미를 지녔다고는 말하기 어렵다. 그저 킬링 타임 용으로써의 영화도 존재하고, 그 역시도 충분히 존재가치가 있다. 하지만 그런 영화는 수업의 텍스트로써는 적합하지는 못하다. 그런 영화는 집에서 각자 보는 것이 더 낫다. 영화 인문학 수업에서는 서사 분석과 미장센, 그리고 인문학적 컨텍스트에 대한 논의가 이루어져야 한다. 그런 점에서 재미는 덜하더라도 해석의 가치가 있는 영화를 선정하는 일이 중요하다.

영화를 가지고 교실에서 수업을 한다고 할 때 그동안은 제작 수업을 중심으로 이루어졌다. 이것이 이해가 되는 것이 10대 시절에는 이성과 논리보다는 체험을 통해 학습하는 것이 자연스럽기 때문이다. 하지만 지나치게 한쪽으로 치우친 교육은 전인적인 성장을 어렵게 한다. 분석과 제작이 함께 이루어질 때 비로소 의미 있는 영화 예술 교육이 가능할 것이다.

본론

(1) 영화 리터러시 수업의 전제

먼저 영화 읽기 수업이 필요한 이유와 목적에 대해서 이야기하자면, **(1) 천만 관객 시대에 주체적인 영화 감상자가 되도록 키우는 것, (2) 현재 가장 대중적인 예술인 영화를 보다 깊이 있게 향유하는 법을 배우는 것, (3) 영화를 통한 다양한 인문학적인 주제를 탐구하는 것, (4) 이미지 해독력을 키우고 미학을 이해하는 것 (5) 영화를 통해서 개인과 사회에 대해 사유하고 개인의 성장을 도모하는 것을 말할 수 있겠다.**

영화는 우리 시대에 가장 영향력이 강한 대중 예술이고, 서사와 사운드와 음악, 이미지와 연기, 사회적 메시지가 조화를 이루는 종합예술이다. 게다가 그 안에는 우리의 삶의 진실이 담겨 있다. 수많은 예술 장르가 있지만 그중 영화는 수업의 텍스트로 적합해 보인다. 수업에서 시와 음악이나 문학을 다루는 것만큼이나 영화 읽기 교육은 학교에서 중요하게 다루어져야 한다. 문자적 사고만큼이나 이미지적 사고 역시 중요하고, 종합예술 교육을 통해 인간이 균형 있게 성장하는 데에 큰 도움을 줄 수 있기 때문이다. 특히나 일반 공교육 안에서 많이 이루어진다면 좋을 것이다. 종종 학교라는 공간에서는 문자적 사고에 비해서 이미지적 사고가 뛰어난 학생들이 제대로 된 평가를 받지 못하는 경우가 많다. 대부분의 수업은 문자를 해독하고 암기를 잘 하는 학생에게 유리하다. 이미지적 사고가 뛰어난 학생들은 나와 같은 미디어 교사가 수업을 할 때라든지, 입시와 상관없는 수업에서 빛을 발하게 된다. 하지만 그런 부분은 평가에 잘 반영되지 않아 창의력이 뛰어난 아이들이 손해를 본다. 나의 교육 비전에 큰 영향을 주었던 〈지상의 별처럼〉이라는 영화를 보면 그림에 천재적인 8살 소년 이샨이 글을 읽지 못하는 난독증 때문에 학교생활에 어려움을 겪는 상황이 펼쳐진다. 책을 못 읽으니 수업 때 항상 놀림을 받고, 결국 자신의 재능을 펼칠 기회조차 얻지 못한다. 다행히도 그 아이의 잠재성을 알아봐 주는 좋은 시간 강사 미술 선생님 덕에 미술 대회에 참가해 꿈을 펼칠 기회를 얻게 된다. 이 영화를 보면 교실 안에서 단순히 입시 중심의 교육을 벗어나 다양한 교육이 필요한지를 깨닫게 한다. 그리고 영화 예술 수업이 다양성이 있는 교육을 함에 있어서 중요한 역할을 할 수 있다.

영화 읽기 교육을 하기에 앞서서 가장 중요한 전제를 이야기하면 좋겠다. 그것은 바로, 영화의 의미는 작가와 수용자의 대화를 통해서 풍성해진다는 점이다. 가장 안 좋은 영화 읽기 수업은 마치 정답이 있는 것처럼 영화의 의미를 찾는 것이다. 마치 오래전 시 읽기 수업에서 단어의 의미를 객관식으로 풀었던 것처럼 말이다. 물론 종종 감독의 인터뷰를 읽고 장면 연출의 의도를 이해하는 것은 큰 도움을 준다. 하지만 그것을 넘어서서 감상자가 능동적으로 이미지를 해석하고 새로운 의미를 만들어 낸다면 더 풍성한 영화 감상이 될 것이다.

롤랑 바르트는 사진에 대한 해석을 할 때 '스투디움(studium)'과 '푼크툼(punctum)'[1]에 대해서 이야기했다. '스투디움'이 모든 사람이 공통적으로 생각할 수 있는 공통된 의미라면, '푼크툼'은 나에게 꽂히는 "제3의 의미"

---

1) 롤랑 바르트, 《밝은방》, 2006, 동문선

를 이야기한다. 감독이 전혀 의도하지 않았더라도 나 스스로 어떤 장면에 의미 부여를 하는 것이다. 그것이 과잉 해석일지 모르나 그로 인해 영화 의미는 더 풍요로워진다. 이 '푼크툼'의 개념이 영화 읽기를 문화 예술 교육에 적용함에 있어서 중요하다. 그것은 **고정된 의미가 아닌, 모호한 의미이다.** 그것이 우리가 영화를 단순히 줄거리를 이해하는 것에 머무는 것이 아니라, 이미지 하나하나를 더 주의 깊게 관찰하고, 또 그것의 의미를 발견하는 일에로 나아가게 한다. 그 의미는 **"내가 그것을 찾으러 가는 것이 아니고, 마치 화살처럼 그것이 사진의 장면에서 출발하여 나를 관통하러 오는 것"**이다. 그것은 **"나를 찌르는 디테일(detail)"**이다. 이러한 의미의 발견은 개인의 트라우마와 연결된다. 사실 우리들은 영화를 보며 이러한 일을 경험한다. 영화 속에 나타나는 인물의 의상이나, 소품, 상황 등에서 자신에게만 와닿는 의미를 종종 발견하곤 한다. 이렇게 영화 속에서 '제3의 의미'를 발견하는 일은 관객을 그저 제작자의 의도대로 따라가는 수동적 위치에서 벗어나, 보다 창조적으로 영화를 해석하는 위치로 올려놓는다. 즉, **독자적이고 주관적인 영화 감상**이 가능해지는 것이다. 이러한 태도는 관객이 감상자가 아닌, 공동의 작가가 된다.

교실 안에서의 영화 감상 수업은 정답을 찾는 것이 아닌, 나만의 해석을 하고 토론을 하는 방향으로 나아가는 것이 좋다. 좋은 영화일수록 이미지와 기호 안에 다양한 의미를 갖는 경우가 많다. 서사를 이해하는 것은 기본이고 한 이미지를 어떻게 다양하게 해석할 수 있는지를 나눈다면 아이들에게 잊지 못할 영화 읽기 수업이 될 것이다. 종종 영화에 대한 이야기를 할 때 온통 스포일러에만 관심을 갖는 경우가 많은데, 좋은 영화는 결말을 알고 보더라도 재미있는 경우가 많다. 볼 때마다 새로운 것이 발견되기 때문이다. 영화를 두 번 세 번 반복해서 보면 영화 안에 담긴 더 날카로운 주제 의식을 발견하게 된다. 그리고 숏 하나하나가 의미로 가득 차 있음을 발견하게 되고 해석의 욕구를 불러일으킨다. 이렇게 영화 텍스트를 해석하는 즐거움을 깨닫게 하는 것이 영화 읽기 수업에서 중요하다. 대화를 통해 의미가 더 풍성해지는 경험을 하게 된다.

(2) 영화 읽기 수업의 실제 : 미장센으로 영화 읽기

영화 읽기 수업을 함에 있어서 가장 중요한 키워드는 '미장센mise-en-scene'이다. 왜냐하면 영화 읽기 수업은 결국 이미지 해독 능력을 키우고 영화 미학을 이해하는 수업이기 때문이다. 영화 읽기 수업은 단순하게 영화 줄거리를 정리하고, 영화의 메시지를 찾는 것이 아니다. 그것이 영화 읽기 수업의 전부라면 굳이 예술 교사의 역할이 필요 없을 것이다. 하지만 좋은 영화 읽기 수업은 그것을 넘어서서 영화 이미지의 미장센을 분석하고 미학적 소양을 키우는 데로 나아간다. 좋은 영화 감상 수업은 단순히 '재미있다.', '재미없었다.' 수준의 감상을 넘어서서, 감상자가 적극적으로 이미지를 해독하고 의미를 창조하는 것이다.

영화 읽기 수업이 잘 이루어지면 결국 창작 수업에도 도움을 준다. 영화 읽기 수업이 제대로 이루어지지 않으면 영화 제작 활동은 그저 단순한 놀이 체험에 머물게 된다. 하지만 이런 미장센에 대한 이해가 깊어지면 숏shot을 대하는 태도가 달라지고 제작 수업 때에 좋은 결과물을 얻게 될 확률이 크다.

영화 리터러시 수업을 진행할 때에 영화 한 편을 다 보는 것도 좋지만,

영화 인문학 콘서트

영화의 명장면, 혹은 하나의 스틸만으로도 미장센으로 영화를 읽는 수업을 진행해 볼 수 있다. 좋은 명작들을 보면 해석의 재미를 주는 좋은 이미지들로 가득한데, 그러한 이미지를 사례로 미장센 수업을 진행할 수 있는 것이다. 가령, 허진호 감독의 영화 〈봄날은 간다〉에서는 뜨겁게 사랑했다가 사랑이 식어 가는 두 사람의 감정을 인물의 표정뿐 아니라, 벚꽃 같은 배경이나 소품, 공간, 렌즈 등 다양한 미장센으로 표현하였다. 그리고 봉준호 감독의 영화 〈설국열차〉에서는 컬러를 통해서 꼬리 칸의 계급과 앞 칸의 계급을 표현하기도 했다. 꼬리 칸은 거의 흑백 영화에 가까운 컬러로 구성되어 있다. 그런데 한 칸 앞 칸으로 전진할수록, 블루, 옐로우, 레드 등 다채로운 컬러로 된 칸을 만나게 된다. 영화 〈우리들〉에서는 친구와의 우정을 '봉숭아물'이라고 하는 것으로 은유적으로 표현했다. 주인공 선이는 손톱에 살짝 남은 봉숭아물을 보고 용기를 내어 싸웠던 친구에게 다가간다. 이렇게 대상에 따라서 학생들이 이해할 수 있는 선에서 영화 텍스트를 선정해 이렇게 미장센에 대한 수업을 진행하면 좋을 것이다. 미장센 수업을 통해서 '영상 언어'에 대한 이해가 높아지고, 이는 자연스럽게 미학적 깨달음으로 연결된다.

종종 지나치게 영화 해석을 요구하면 수업을 듣는 학생들이 영화를 보는 것을 이전보다 더 싫어하게 될 우려가 있기도 하다. 너무 공부하듯이 영화를 보면 부작용이 있다. 영화 감상은 어느 정도 즐기는 면이 필요하기 때문이다. 그래서 스토리가 좋으면서 미장센이 훌륭한 영화 선정이 중요하다. 좋은 영화들은 영화의 미장센이 직관적으로 다가온다. 결코 공부하듯이 접근해야 하는 것은 아니다. 그리고 수업 대상의 이해도를 고려해서 적절한 난이도로 해석의 즐거움을 선사할 수 있도록 수업 설계를 하는 것이 중요할 것이다.

(3) 영화 읽기 예술 수업 사례의 실제적 방향

좀 더 실제적으로 학교의 교실 안에서 영화 읽기 수업을 어떻게 진행하면 좋을지 사례 중심으로 살펴보려고 한다.

필자가 제시하는 영화 리터러시 수업의 방향은 다음과 같다. **(1) 원작 소설을 바탕으로 한 영화의 경우에는 소설과 영화를 비교하며 차이점을 발견하고, 또 문자 언어와 이미지 언어가 스토리텔링 방식이 어떻게 다른지를 살펴보는 수업,**

(2) 인문학이나 사회과학과 같은 타 분야와 영화를 연계하는 수업 역시도 무한한 비전을 가지고 있는 수업 방식이다. 영화 스토리 안에는 사회나 과학 윤리, 수학, 국어와 같은 다양한 교과목과 연결되어지기 때문이다.

(3) 또 영화를 활용한 자아성찰, 인간 이해, 혹은 진로 수업 설계도 흥미로운 수업이 되리라 생각된다. 영화 스토리는 기본적으로 인간의 성장을 그리는 경우가 많다. 우리가 흔히 인생 영화라 불리는 영화들은 대부분 인물의 성장을 그린다. 그리고 그렇게 성장해 가는 주인공을 바라보고 분석함으로써 인간을 이해하고, 나를 성찰하며, 우리의 진로를 설계하는 데에 통찰을 주기 마련이다.

① 원작 소설을 바탕으로 한 영화

소설에서는 문장이 독자를 매료시킨다면 영화는 숏이라고 하는 이미지가 관객을 매료시킨다. 그런 점에서 문자 언어와 영상 언어는 본질적으로 다르고, 그래서 소설과 영화를 비교하는 수업을 하는 것은 의미가 있다. 책의 한 문단을 사례로 들어서 그 부분이 어떻게 영화화되었는지를 살펴본다면 문자 언어와 영상 언어의 본질적인 차이를 체험하는 데에 큰 도움이 되리라 생각된다.

가령, 영화 〈남한산성, 2017〉은 소설의 문장이 가지고 있는 의미를 이미지 언어로 잘 번역한 것으로 유명하다. 그 영화의 촬영을 맡은 김지용 촬영 감독은 다양한 영화제에서 촬영상을 수상하기도 했다. 문자 언어를 이미지 언어로 옮기는 일은 매우 어려운 번역과도 같다. 그래서 대부분은 그 일에 실패했는데, 영화 〈남한산성〉은 원작 속의 감정과 주제 의식을 이미지 속에 잘 구현하였다. 그래서 영화의 첫 씬scene을 보고, 그것이 소설에서는 어떻게 표현되었는지를 비교해 보거나, 아니면 소설을 먼저 읽고 그것을 나라면 이미지 언어로 어떻게 표현할 것이고, 또 영화는 어떻게 실제 표현했는지를 비교해 보는 수업을 진행한다면 흥미로울 것이다. 이런 과정 속에서 문자 언어와 이미지 언어의 차이를 자연스럽게 습득하게 된다.

또 SF 소설계의 거장인 테드 창의 단편소설 〈네 인생의 이야기〉는 드니 빌뇌브 감독의 〈컨택트Arrival, 2017〉로 재탄생했는데, 소설과 영화 둘 다 너무 훌륭해서 두 텍스트를 비교해서 보는 것은 매우 황홀한 경험이 된다. 서사를 새롭게 구성하는 방식이라든지, 글로 묘사된 외계 생명체를 시청각적으로 구성하는 방식 등 필자는 개인 오디오 방송에서 테드 창의 소설을 드니 빌뇌브 감독이 어떻게 시각화했는지를 주제로 팟캐스트를 한 적이 있는데 공부하는 과정 속에서도 즐거웠던 기억이 있다.[2] 많은 사람들이 앞으로 영화가 소설을 대체하지는 않을까 우려하는데, 필자는 그렇지 않다고 본다. 소설과 영화는 다른 장르이지만 스토리텔링 예술로서 서로 기대고 있고 협력하고 있다. 비록 스토리텔링 방식이 본질적으로 다르지만, 이야기적인 측면에서는 서로에게 긍정적인 영향을 주고받는 것이나. 그 외에 소설과 영화, 모두 좋으면서도 수업의 텍스트로 사용하기에 좋은 영화로 〈드라이브 마이 카〉, 〈맡겨진 소녀〉, 〈조제 호랑이, 그리고 물고기들〉을 추천한다.

② 영화와 타 분야 연계하기

그리고 영화를 다른 교과목과 연계하는 수업도 그 비전이 무궁무진하다. 종종 어떤 영화는 다른 분야에 대한 흥미를 갖게 만든다. 가령, 얼마 전 사람들이 갑자기 과학에 관심이 뜨거워질 수 있었던 이유는 영화 한 편 때문이었는데, 바로 〈인터스텔라interstellar, 2014〉이다. 이 영화를 통해서 과학 서적들이 엄청나게 팔리기 시작했고, 과학 커뮤니케이터들의 활동이 활발해졌다. 많은 사람들이 이 영화를 청소년기에 봤다면 과학을 더 일찍 사랑하게 되었을 거라고 고백하기도 했다.

과거에는 SF 영화가 지나치게 비현실적인 상상력으로만 이야기를 구성

---

2) 박명호의 〈영화가 필요한 순간〉이라는 팟캐스트 방송에서 영화 〈컨택트〉가 원작 소설을 어떻게 시각적으로 구현했는지 자세히 설명하고 있다. http://www.podbbang.com/ch/13714?e=23171547

했다면, 지금의 SF 영화는 그렇지 않다. 최대한 과학적 검증을 거치려고 노력한다. 크리스토퍼 놀란 감독은 영화 시나리오 작업 중에 킵손 과학자의 자문을 얻는 것으로 화제가 되기도 했다.[3] 만약 영화 교사와 과학 선생님이 SF 영화를 가지고 협력 수업을 한다면 학생들이 잊지 못한 좋은 수업이 되리라 생각된다.

뿐만 아니라, 〈싱 스트리트〉나 〈비긴 어게인〉이나 〈스코어: 영화음악의 모든 것〉과 같은 영화를 통해 영화와 음악을 연결한다든지, 〈사도〉나 〈택시운전사〉나 〈광해〉, 〈동주〉, 〈말모이〉 〈명량〉, 〈서울의 봄〉과 같은 영화를 활용해서 영화와 역사 교과를 연계하는 수업도 매우 흥미로울 것이다. 필자는 청소년기에 역사 과목을 매우 싫어했는데, 대부분 시험에서는 연도를 외우는 것을 중요하게 여겼기 때문이다. 만약에 역사 이야기를 영화 스토리와 연계해서 진행한다면 필자와 같이 역사를 싫어했던 사람에게도 더욱 흥미로운 역사 수업이 될 수 있다. 물론 영화가 역사를 왜곡하는 경우도 종종 있겠지만 그렇다고 해서 걱정할 것이 없는 것이 영화가 역사를 그리는 관점을 비판적으로 접근하는 수업도 같이 이루어지면 되기 때문이다. 이런 수업은 영화 강사 혼자 진행하기보다는 담당 교과목 선생과 협업으로 이루어진다면 훨씬 의미 있는 수업이 만들어질 수 있을 것이다.

영화 〈서울의 봄〉이 천만 영화라고 하는 신화를 만들어 내면서 한국 근현대사의 관심이 폭발적으로 급증했다. 이런 부분은 아무도 예상을 못해서 더 놀라운 현상이었다. 전두환 시대를 살았던 기성세대뿐 아니라, 젊은 MZ세대들도 근현대사에 대한 관심을 갖게 된 부분은 고무적이라 할

---

3) 킵손은 영화 〈인터스텔라〉를 만들기 위해 크리스토퍼 놀란 감독과 논의했던 내용을 《인터스텔라의 과학》이라는 책을 통해서 이야기 하고 있다.

수 있다.

그리고 영화를 통해서 우리 사회의 다양한 이슈들, 계급 갈등이나 젠더 갈등, 인공지능과 같은 테마를 살펴보고 그 주제에 대해 깊게 탐구하는 기회를 갖는 것도 좋을 것이다. 가령, '계급'에 대해 잘 다룬 영화로 봉준호 감독의 〈기생충〉, 〈슬픔의 삼각형〉, 〈버닝〉 같은 영화를 들 수 있고, 또 젠더 문제나 페미니즘에 대해서 토론할 수 있는 영화로 〈바비〉, 〈레이디 맥베스〉, 〈델마와 루이스〉 같은 영화가 있다. 그리고 요즘 핫한 주제인 인공지능과 관련한 영화로는 〈그녀〉, 〈엑스 마키나〉, 〈메간〉 같은 영화를 들 수 있다. 이렇게 영화를 통해서 우리 사회의 중요한 이슈들을 탐구하고 토론한다면 의미와 재미를 다 잡는 영화 읽기 수업이 될 수 있지 않을까?

③ 영화를 활용한 자아 성찰 및 진로 수업

또 영화를 진로 수업과 연계하여 진행하는 것도 제안한다. 대부분의 명작이라 불리는 영화는 주인공의 성장을 담기 마련이라, 우리의 인생을 설계하는 데에도 큰 도움을 준다. 그래서 영화 속 미학까지 접근하지 못한다하더라도 이야기 속 다양한 캐릭터가 놓인 상황을 이야기함으로써 진로에 대해서 다양한 관점으로 고민을 하는 시간을 갖는 것만으로 좋은 수업을 될 수 있다.

필자는 영화를 활용한 진로 수업을 진행한 적이 많은데 당시 프로그램에 선정한 영화는 〈코코Coco, 2018〉〈어린왕자The Little Price, 2015〉〈어메이징 메리Gifted, 2017〉〈우리들The world of us, 2015〉과 같은 영화들이었다. 기존의 진로 교육에 활용된 영화와는 차이를 두면서도, 될 수 있으면 어린이가 주인공인 영화를 선정하고자 했고, 또 영화적으로도 완성도가 높으면서도 아이들이 재미있게 볼 수 있는 영화를 선정하고자 했다.

사실 그동안 영화를 활용한 진로 수업에서 텍스트로 사용되어진 영화는 〈빌리 엘리어트〉, 〈죽은 시인의 사회〉와 같은 관습적인 경우가 많았다. 물론 좋은 영화이지만 지나치게 교훈적인 영화거나 수업에서 너무 자주 활용되어져서 수없이 본 영화들이 대부분이다. 그래서 나는 그런 교육 영화의 클리셰를 벗어나고자 하였고, 최근의 영화로 선정하고자 노력하였다. 그리고 단순히 영화 속 다양한 직업들을 살펴보는 것이 아니라, 더 본질적인 진로에 대해서 이야기할 수 있고, 삶의 태도에 대한 의미가 담긴 영화를 우선시했다. 그렇게 어렵게 선정된 영화이고, 이런 영화를 통해서 삶의 방향을 고민하고, 가장 중요하게 여겨야 할 가치가 무엇인지를 함께 고민하는 시간을 갖고자 노력했다. 그리고 개념이 아닌, 스토리를 통해서 진로에 대한 고민을 자연스럽게 할 수 있도록 강의를 진행했다.

주의할 점은 어린이들의 경우에는 영화 토론을 깊게 할 수 없다는 한계가 있다. 어린이들을 대상으로 하면서 청소년이나 성인들과 수업을 진행하듯이 토론을 이끌겠다는 과한 욕심을 가져서는 안 될 것이다. 그래서 후반부에는 활동 수업을 배치하였다. 간단하게 자기소개 영상 만들기부터, 나의 꿈을 동영상으로 제작해 보는 활동까지 진행하면서 학습자들은 자연스럽게 자기 자신을 알아 가는 시간이 될 수 있다. 만약에 영화 읽기 수업이 없이 콘텐츠 제작 활동 수업으로만 진로 수업을 진행했다면 핵심이 빠진 진로 수업이 되었을 것이다. 영화 읽기 수업과 창작 수업이 적절하게 균형을 이루었을 때, 수업은 더욱 알차고 참 배움의 시간이 될 수 있다. 이러한 영화 읽기 수업은 당장 결실이 나타나지는 않겠지만, 길게 보앉을 때 아이들의 삶의 질이 더 나아지리라 확신한다.

영화를 활용한 진로 수업을 구성할 때 진로에 대한 메시지를 주기 위해 영화를 자료 화면으로 활용하는 방식이 있고, 또 반대로 영화를 우선시하고 장면을 해석하며 자연스럽게 삶의 길에 대해서 고민하는 방식이 있는데, 무엇이 우선인지에 대해서 의견 일치를 보지 못해서 교육 프로그램이 중간에 포기하는 경우가 많이 있다. 진로 전문 강사가 진행을 한다면 전자의 방식이 맞을 수도 있을 것이고, 영화 강사가 메인 강사이면 후자의 방식이 더 적절할 수 있다. 필자의 경우에는 영화 강사였기에 영화 스토리를 먼저 이야기하고, 삶의 가치에 대해서 자연스럽게 이야기하는 방식을 택했다. 이 교육 프로그램이 아이들의 삶에 어떤 영향을 줄지 모르겠지만, 분명한 것은 아이들이 이 수업 시간을 사랑했고, 영화를 보며, 혹은 제작 활동을 하며 완전히 몰입하는 모습을 볼 수 있었다. 그렇게 아이들은 자연스럽게 자기 자신과 사회에 대해서 알아 가고 삶의 방향을 정하는 데에 좋은 영향을 주리라 확신한다.

성인을 대상으로 영화 인문학 수업을 할 때에도 마찬가지다. 영화를 매개로 우리 자신의 삶을 성찰하는 시간이 될 때 가장 반응이 좋다. 강사가 설교하는 방식으로 메시지를 전하면 거부감이 있으나, 영화는 스토리의 예술이다 보니 영화 속 인물의 변화를 통해 학습자는 자신의 삶을 돌아본다. 가령 〈월터의 상상은 현실이 된다〉, 〈머니볼〉, 〈마션〉, 〈그래비티〉, 〈작은 아씨들〉, 〈소울〉 같은 영화는 인간의 성장 스토리를 통해서 영화를 다 보고나면 우리로 하여금 위로와 용기를 가져다준다. 그래서 영화를 보는 것 자체로 힘이 되고 토론하고 싶어지게 만든다. 강사는 거기에 더해서 인문학적인 성찰을 안겨다 주면 의미 있는 수업이 될 것이다.

사실 영화 읽기 수업은 10대보다는 성인 대상으로 할 때 더 반응이 좋고 강사도 보람을 느끼는 경우가 많다. 성인들은 차분하게 강사의 말에 귀기울일 준비가 되어 있기 때문이다. 10대들은 사고하는 수업보다는 체험하는 수업을 할 때 더 반응이 좋기 마련이다. 너무 완벽한 프로그램을 설계하려 하기보다는 다양한 실험을 하는 열린 마음이 필요하다. 교육을 설계하는 것도 영화를 창작하는 것만큼이나 창의성이 필요하다. 실패를 두려워하지 말고, 다양한 방식으로 도전하고 실험할 수 있으면 좋겠다. 준비는 충분히 하되 수업 현장에서는 정해진 타임라인대로 강의하는 것이 아니라, 아이들과 함께 교감하며 수업을 이끌어 나아갈 수 있는 여유도 필요하다.

맺음말 : 행복한 영화 리터러시 수업을 위한 제언

학교 교실 안에서 위에 제시한 방식의 영화 읽기 수업이 많이 이루어질 수 있으면 좋겠다. 단순히 결과물을 내고 출품을 하기 위한 영화 예술 수업이 아니라, 영화 리터러시 수업을 통해서 이미지 해독력을 키우고, 미학을 이해하고 삶에 대해서 성찰하는 능력을 키우는 수업이 필요한 것이다. 사실 영상 미디어 교육에 있어서 창작과 분석은 동전의 앞면과 뒷면 같기도 하다. 이 두 가지가 균형을 이룰 때에 영상 미디어에 대한 이해가 깊어질 수 있다.

이를 위해서는 첫째로, 우선 학교의 교사들도 영화 읽기 수업의 중요성을 이해할 수 있어야 할 것이고, 둘째로, 영화 텍스트를 수업에 활용할 수 있도록 저작권의 문제도 해결될 수 있어야 할 것이다. 마지막으로 영화 읽기 수업을 위한 좋은 영화교사들이 많아져야 할 것이다.

지금 영화 제작 강사는 차고 넘치지만 영화 읽기 수업을 위한 강사는 부족한 것이 현실이다. 필자는 영화 읽기 수업의 대중화를 위해서 〈시네리터러시〉, 〈영화인문학 콘서트〉란 책을 쓰기도 했고, 개인 방송 〈박쌤 미디어 클라쓰〉[4]를 통해서 교육적 활용도가 높은 영화에 대한 리뷰를 진행하고 있는데, 이러한 시도를 하는 강사가 더 많아지면 좋겠다.

그렇다고 한 명의 강사가 모든 주제를 다 다룰 수는 없다. 강사마다 관

---

4) 박명호 미디어커뮤니케이터는 유튜브 채널 〈박감독 미디어 클라쓰〉를 통해서 교육적 활용도가 높은 영화들을 선정해 영화 리뷰 방송을 진행하고 있다. 영화 비평가가 아닌, 영화 강사로서 이런 시도는 매우 의미 있는 시도라 여겨지고, 많은 강사들도 함께할 수 있기를 바란다.

심사가 다르고 강점이 다르다. 위에 제시한 영화 교육 사례를 다 잘할 수 있는 강사는 드물 것이고, 영화 예술 교사는 스스로가 가장 흥미롭다고 여겨지는 주제를 파고들어 재미도 있으면서 의미 있는 자신만의 영화 읽기 수업을 설계할 수 있으면 좋겠다. 그리고 진행했던 수업을 다른 강사들과 함께 공유한다며 더 빠른 시간 안에 영화 리터러시 수업이 체계를 잡을 수 있을 것이다.

부록 1 - 영화 감상 일지

영화 속 가장 공감되는 인물은 누구인가요? 그 이유는 무엇인가요?	
기억에 남는 장면, 혹은 숏shot이 있나요?	
기억에 남는 대사 적어 봅시다	
영화가 나에게 말을 건 지점이 있다면?	
별점과 한줄평 써 보기	별점 한줄평

영화 인문학 콘서트

영화 속
가장 공감되는 인물은
누구인가요?
그 이유는
무엇인가요?

기억에 남는 장면,
혹은 숏shot이
있나요?

기억에 남는 대사
적어 봅시다

영화가 나에게 말을
건 지점이 있다면?

별점

별점과 한줄평
써 보기

한줄평

영화 속 가장 공감되는 인물은 누구인가요? 그 이유는 무엇인가요?	
기억에 남는 장면, 혹은 숏shot이 있나요?	
기억에 남는 대사 적어 봅시다	
영화가 나에게 말을 건 지점이 있다면?	
별점과 한줄평 써 보기	별점 한줄평

영화 속 가장 공감되는 인물은 누구인가요? 그 이유는 무엇인가요?	
기억에 남는 장면, 혹은 숏shot이 있나요?	
기억에 남는 대사 적어 봅시다	
영화가 나에게 말을 건 지점이 있다면?	
별점과 한줄평 써 보기	별점 한줄평

영화 속 가장 공감되는 인물은 누구인가요? 그 이유는 무엇인가요?	
기억에 남는 장면, 혹은 숏shot이 있나요?	
기억에 남는 대사 적어 봅시다	
영화가 나에게 말을 건 지점이 있다면?	
별점과 한줄평 써 보기	별점 한줄평

부록 2 - 영화 인문학 수업 추천 영화

기생충(봉준호, 2019, 15세 이상 관람가)
결혼 이야기(노아 바움백, 2019, 15세 이상 관람가)
그랜토리노(클린트 이스트우드, 2009, 12세 이상 관람가)
모던 타임즈(찰리 채플린, 1936, 전체 관람가)
나이트 크롤러(댄 길로이, 2015, 청소년 관람불가)
노인을 위한 나라는 없다(코엔 형제, 2008, 청소년 관람불가)
더 랍스터(요르고스 란티모스, 2015, 청소년 관람불가)
드라이브 마이 카(하마구치 류스케, 2021, 15세 이상 관람가)
애프터 양(코고나다, 2022, 전체 관람가)
돈 룩 업(아담 맥케이, 2021, 15세 이상 관람가)
내일을 위한 시간(다르덴 형제, 2014, 12세 이상 관람가)
레디 플레이어 원(스티븐 스필버그, 2018, 12세 이상 관람가)
바비(그레타 거윅, 2023, 12세 이상 관람가)
버닝(이창동, 2018, 청소년 관람불가)
블루 재스민(2013, 15세 이상 관람가)
설국열차(봉준호, 2013, 15세 이상 관람가)
위플래쉬(데이미언 셔젤, 2015, 15세 이상 관람가)
소셜 네트워크(데이빗 핀처, 2010, 15세 이상 관람가)
슬픔의 삼각형(루벤 외스틀룬드, 2023, 15세 이상 관람가)
괴물(봉준호, 2006, 12세 관람가)
괴물(고레에다 히로카즈, 2024, 12세 이상 관람가)
공동경비구역 JSA(박찬욱, 2000, 15세 관람가)
매트릭스(워쇼쇼키 자매, 1999, 12세 관람가)
컨택트(드니 빌뇌브, 2016, 12세 관람가)
인터스텔라(크리스토퍼 놀란, 2014, 12세 관람가)
월-E(앤드류 스탠튼, 2008, 전체 관람가)
마션(리들리 스콧, 2016, 12세 관람가)
엑스 마키나(2015, 알렉스 가렌드 감독)
레디 플레이어 원(2018, 스티븐 스필버그)

우리들(윤가은 감독, 2016, 전체 관람가)
옥자(봉준호 감독, 2017, 12세 관람가)
나, 다니엘 브레이크(켄 로치, 12세 관람가, 2016)
싱 스트리트(존 카니, 15세 이상 관람가, 2016)
소공녀(전고은, 2018, 15세 이상 관람가)
밀리언 달러 베이비(클린트 이스트우드, 12세 관람가, 2004)

취향을 넘어 교양이 된 영화

영화 인문학
콘서트

ⓒ 박명호, 2024

초판 1쇄 발행 2024년 6월 14일

지은이   박명호
펴낸이   이기봉
편집   좋은땅 편집팀
펴낸곳   도서출판 좋은땅
주소   서울특별시 마포구 양화로12길 26 지월드빌딩 (서교동 395-7)
전화   02)374-8616~7
팩스   02)374-8614
이메일   gworldbook@naver.com
홈페이지   www.g-world.co.kr

ISBN   979-11-388-3274-8 (03680)